中津

「人誰か故郷を思わざらん、
誰か旧人の幸福を祈らざる者あらん」
（「中津留別の書」）

中津城 †

福澤旧居 †

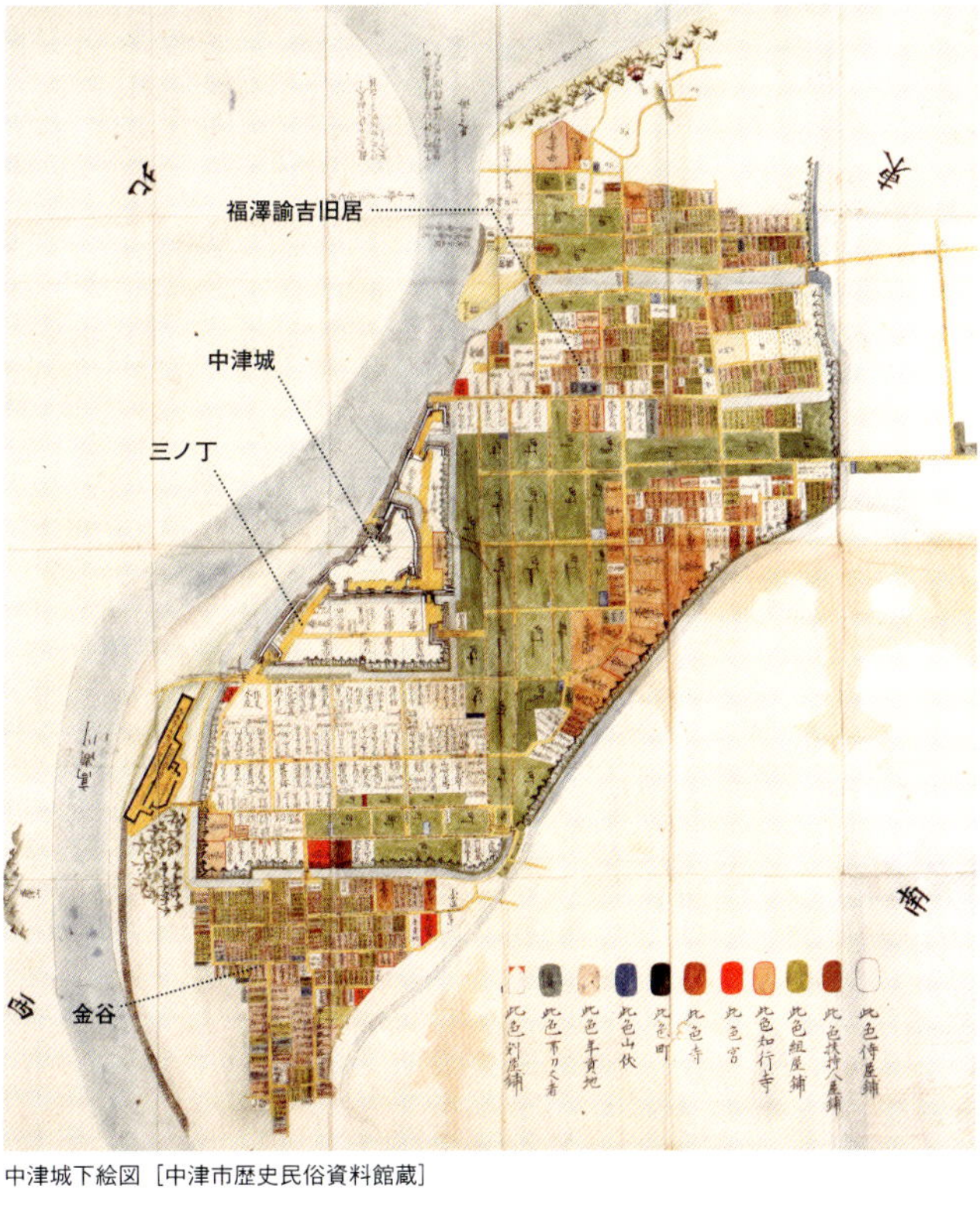

中津城下絵図［中津市歴史民俗資料館蔵］

† 慶應義塾広報室提供
＊ 慶應義塾福澤研究センター蔵

大阪、江戸

「大阪の書生は修業するために江戸に行くのではない、行けば教えに行くのだ」

（『福翁自伝』）

三田演説館（慶應義塾三田キャンパス）

三田福澤邸玄関（明治末頃）

上｜適塾
右｜緒方洪庵肖像

海外への渡航

「おまえたちはサンフランシスコに長く逗留していたが、婦人と親しく相並んで写真をとるなぞということはできなかったろう、サアどうだ」

（『福翁自伝』）

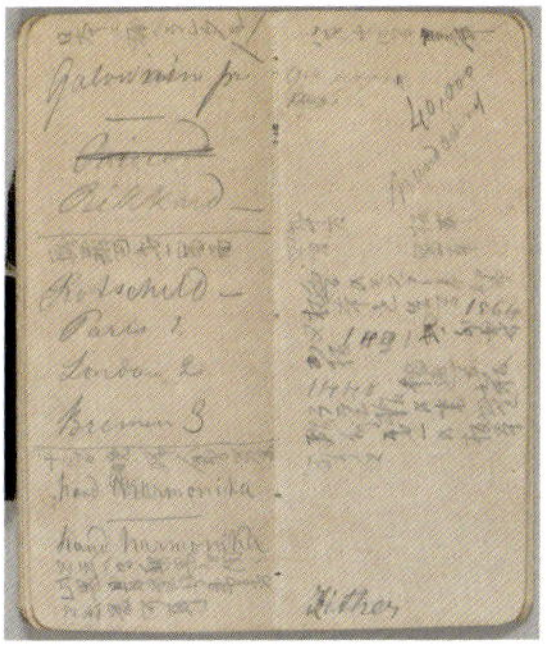

パリで求めた『西航手帳』。日本語、オランダ語、英語で見聞を書き込んでいる。

サンフランシスコで写真屋の娘とともに。咸臨丸による初の海外への渡航時。

ロンドン市内グリニッジ（現在）。左右の建て物は旧海軍大学。中央がクイーンズ・ハウス。丘の上にはグリニッジ天文台が見える。そのすべてに福澤は訪れている。

ロンドンの写真館にて。文久遣欧使節団の一員として渡航時の一枚。

晩年

「いまでも宵は早く寝て朝早く起き、
食事前に一里半ばかり、
芝の三光から麻布古川辺の野外を少年生徒とともに散歩して」
（『福翁自伝』）

散歩中の福澤（明治 33 年頃）。背後は三田演説館と思われる。

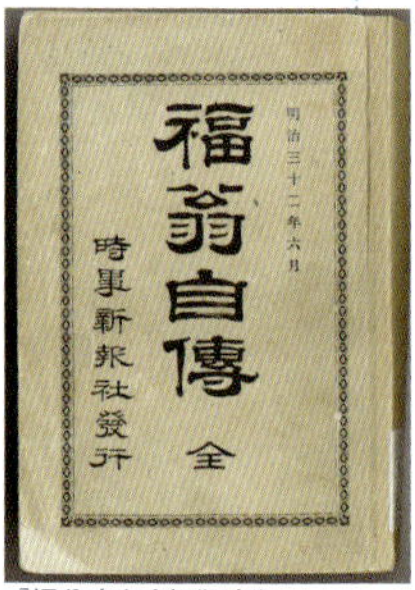

『福翁自伝』初版表紙

福澤諭吉終焉之地記念碑（慶應義塾三田キャンパス）

散歩中の福澤と学生ら（明治 32 年 5 月 9 日）。渋谷昌福寺境内と伝わる。

福澤諭吉 歴史散歩

加藤三明・山内慶太・大澤輝嘉 著

慶應義塾大学出版会

まえがき

二〇〇六年四月から慶應義塾発行の『三田評論』にて、「慶應義塾史跡めぐり」を山内慶太君、大澤輝嘉君と共に連載をはじめ、二〇一二年十月号にて第七十二回を数え、現在も連載継続中です。「慶應義塾史跡めぐり」では、福澤諭吉関係の史跡、慶應義塾関係の史跡、慶應義塾出身者の史跡を扱っていますが、福澤諭吉関係の史跡はほぼ書き尽くした感があり、これまでのものを加筆、訂正し、今回一冊の本にまとめることになりました。

執筆者の山内慶太君は看護医療学部教授で精神医学と医療政策・管理学を専門とし、大澤輝嘉君は中等部の数学科教諭、私は小学校の教諭と三人とも歴史の専門家ではありません。しかし、三人とも福澤諭吉に惚れ込み、慶應義塾に対する愛着から、この連載が行われてきました。ですから、歴史的資料の価値としてはいかがなものか判断はつきかねますが、福澤の史跡探訪を十二分に楽しんで、読者に同じ楽しみを分けてあげたいという気持ちは伝わるのではないかと自負しております。

歴史を学ぶには、まず文献を調査することが必須ですが、それに加えて関連の史跡など現地を訪れ、そこから得られる実感を大切にするべきだと思っています。文献調査による横糸と現地踏査による経糸が織りなすことによって、少しでも実像に近づくことができるのではないでしょうか。三人は、足を使って踏査を重ね、写真の多くは著者自ら現地に赴いて撮影したものを用いています。

福澤は、大阪で生を受け、中津で幼青年期を過ごし、長崎、大阪で蘭学を学び、江戸に出て慶應義塾を開きました。各所に福澤関係の史跡が残っており、本書ではすべて扱っています。さらに維新前に欧米に三度外遊し、福澤固有の史跡として残っているものはありませんが、福澤が訪れた建物は日本以上に現存しています。本書をたどることにより、福澤の生涯をも概観することができるようになっていますが、『福翁自伝』と合わせて読んで頂ければ、より福澤への理解が深まると考えています。福澤ファンの方、史跡探訪を楽しまれる方、旅行好きな方の一助になって頂ければ幸いです。

最後に、連載時から私どもの我が儘を受け入れて頂き、さらに今回の出版にあたり一方ならぬお世話を頂いた慶應義塾大学出版会の及川健治さん、野田桜子さんにはこの場をお借りして厚く御礼を申し上げます。

平成二十四年九月

著者を代表して　加藤三明

目次

Ⅲ　蘭学塾開校

Ⅳ　円熟期から晩年へ

海外での足跡

［資料］

凡例

一……………………本書は『三田評論』（慶應義塾発行）連載の「慶應義塾史跡めぐり」のなかから選び出した原稿に加筆・修正を加え編集したものである。

一……………………巻末に中津市内地図及び東京都内主要史跡概略図を付し、また各節の末に該当地域の地図を付した。地図は鉄道、道路等を適宜省略、編集している。

一……………………文久二年四月二十一日（1862年5月19日）という記述があった場合、漢数字は旧暦を、カッコ内の算用数字は西暦（新暦）を表している。

一……………………「福澤諭吉略年譜」および「福澤諭吉の海外渡航地図」については『福澤諭吉事典』（慶應義塾）を参考にし作成した。

一……………………福澤諭吉著作の出典は、『福翁自伝』は慶應義塾大学出版会版（富田正文校注）、その他については『福澤諭吉全集』『福澤諭吉書簡集』（共に岩波書店）を使用した。現代仮名遣い、ルビなど適宜改めてある。

一……………………福澤諭吉著作以外の主な参考文献は以下の通りである。
『福澤諭吉傳』（全四巻）石川幹明著、岩波書店
『考証 福澤諭吉』（上・下）富田正文著、岩波書店
『福澤諭吉の西航巡歴』『福澤諭吉の亜米利加体験』『福澤諭吉の亜欧見聞』山口一夫著、福澤諭吉協会

一……………………福澤諭吉著作の引用の中に、今日の人権意識に照らして不適切に思われる箇所があるが、歴史的性格に鑑みてそのままとした。

I

生い立ち

福澤諭吉誕生地　大阪

福澤誕生の地である商都大阪には、オフィス街中之島を中心に福澤にまつわる史蹟が点在する。かつては蔵屋敷が立ち並ぶ、まさに「天下の台所」であったこの近辺は、現在京阪中之島線中之島駅を始め、阪神新福島駅、地下鉄四ツ橋線肥後橋駅からほど近く、アクセスが大変便利だ。

百以上の蔵屋敷と「福澤先生誕生地記念碑」

淀川河口に開けた町、大阪。現在は、毛馬水門から明治四十年に開削された放水路を淀川としているが、それ以前は大川（天満川）、中之島で北が堂島川、南が土佐堀川と分かれ、合流後に安治川となって大阪湾に注ぐ流れが淀川の本流であった。その旧淀川の中洲にあたる中之島、そして川を隔てた両岸の堂島、北船場には、現在大手商社、銀行、新聞社などが林立し、大阪ビジネスの中心地となっている。

かつて、大阪が「天下の台所」と呼ばれた江戸時代、水運の便が良い中之島、堂島には、各地の年貢米、特産物を換金するための西国各藩の蔵屋敷が立ち並んでいた。天保年間には一二五の蔵屋敷があったという。

今は梅田と陸続きになっている堂島も、明治時代初期までは、堂島川と蜆《しじみ》川に挟まれた中洲であった。その堂島に、元禄十（一六九七）年、堂島米市場が開設され、享保十五（一七三〇）年には幕府公認の先物取引が行われるようになり、ここでの相場が全国の基準となった。

現在、ＡＮＡクラウンプラザホテル大阪前に**堂島米市場跡記念碑**を見ることができる。そして、次の蔵屋敷の跡を示す碑が現存している。

蔵屋敷跡（讃岐高松藩）、**薩摩藩蔵屋敷跡**、**長州藩蔵屋敷跡**、**佐賀藩蔵屋敷跡**

そしてもう一つ、蔵屋敷跡を示す碑が建っているところがある。堂島川に架かる玉江橋北詰に**中津藩蔵屋舗之跡**の碑が建てられており、ここに**福澤先生誕生地記念碑**が置かれている。

福澤諭吉は天保五年十二月十五日（一八三五年一月十日）、大阪蔵屋敷勤番であった中津藩士福澤百助《ひゃくすけ》の次男としてこの地で生まれた。福澤百助は、回米方《かいまいがた》という役職で、藩地から送られてきた米（回米）を換金したり、藩の物産を担保にして商人からの借金の交渉に当たったりする、今で言う会計担当であった。金銭的誘惑の多い回米方は通常二年で交代するところ、百助は、度々転勤願いを提出するも、急逝するまでの十五年間、この役にあった。漢学者であり、武士の中の武士のような百助にとっては、この役は不満であったろうが、いかに藩から信用を受けていたかが計り知れる。

石河幹明著『福澤諭吉傳　第一巻』に「中津藩大阪倉屋敷略図」が掲載されており、福澤の姉、服部鐘《かね》の回顧談から、福澤誕生の地は堂島川に面した表門を入った右側の長屋であることが記されている。その長屋跡に福澤の四女志立《したち》たきが、記念の松の木を手植えしたという。

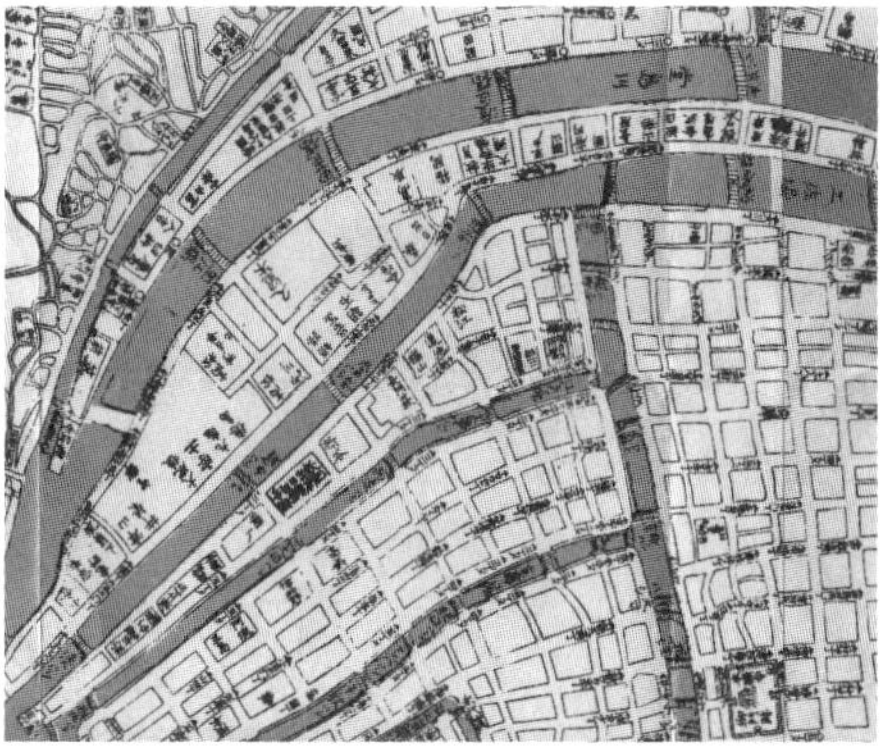
◉江戸時代の堂島地区［天保新改　摂州大阪会図（天保８年）より］

誕生地記念碑デザインの由来

さて、「福澤先生誕生地記念碑」のある場所は、長らく大阪大学医学部付属病院であったが、平成五年に千里の万博公園近くに移転し、平成二十年五月、朝日放送本社などが入った高層ビル群「ほたるまち」が完成した。「ほたるまち」建設のために平成十七年一月十日より記念碑が一時撤去されていたが、平成十九年十二月十日、大阪慶應倶楽部主催による福澤先生誕生地顕彰碑建立定置祭が行われ、整備されて元の形に戻った。なお、「ほたるまち」内リバーレジデンス堂島三階に「慶應大阪リバーサイドキャンパス」があり、講演会、セミナーが開かれたり、サテライトオフィスの役割を担ったりしている。

「福澤先生誕生地記念碑」は、昭和二十九年十一月四日に建立されている。正面の題字は小泉信三揮毫、下に書かれている由来は高橋誠一郎撰文と、戦中、戦後にかけての慶應義塾における両巨頭によるというのも感慨深い。なお、題字「福澤諭吉誕生地」の小泉信三による直筆の書が平成二十二年に見つかった。

◉福澤先生誕生地記念碑

この碑を正面から見ると気が付かないが、後ろに回ると、題字の裏側は鳩の形に彫られている。碑の裏側があたかも正面のようにデザインされているのが不思議に思われる。これは碑を計画した大阪慶應倶楽部のデザインが、墓碑を思わせると大阪大学病院が反対し、病院側から眺めると、平和の象徴である鳩を目にすることができるデザインが採用された結果である。設計者は東京美術大学出身の若手彫刻家、中島雅二氏であった。

「誕生地記念碑」の左には、福澤生誕一五〇年を記念して、昭和六十年一月十三日に建てられた**天ハ人ノ上ニ人ヲ造ラズ　人ノ下ニ人ヲ造ラズの碑**がある。揮毫は石川忠雄元慶應義塾長によるものである。

　誕生地記念碑右には、やはり昭和六十年に建てられた中津藩蔵屋舗之跡の碑がある。碑の右側面には「従是《これより》中津迄　海路百三十里　陸路百三十五里」、左側面には「従是江戸迄　海路二百四十八里　陸路百三十三里」と記されている。陸路において、福澤が少年時代を過ごした中津、後半生を過ごした江戸が、生誕の地大阪から陸路でほぼ等距離にあるというのも面白い事実である。

消失した産湯の古井戸

　さて、ここに福澤ゆかりの記念碑が最初に設けられたのは、この地が大阪医科大学の敷地となり、大阪医科大学付属の山口厚生病館が建築された大正十一年のことになる。病院建築に際して、福澤の産湯の古井戸をつぶさなくてはならなくなり、篤志の一医員がこれを惜しみ、井戸跡に当たる同病館地下室の廊下に、「福澤井蹟」の四字を彫刻した方一尺の大理石の表示板を埋め込んだ。

　その七年後の昭和四年十一月には大阪医科大学病院の敷

地に福澤先生誕生地記念碑が建てられた。誕生地記念碑の建設は、既に明治三十六年、福澤の三回忌に発議され、大正七年には資金募集もされたというから、まさに宿願の成就であったろう。この記念碑は、直径二尺高さ十尺の円塔形銅製の記念碑で、揮毫は後に首相となる犬養毅、撰文は二十五年間慶應義塾長を務めた鎌田栄吉、デザインは彫刻家朝倉文夫という錚錚たる面々によるものであったが、第二次世界大戦中、金属供出の憂き目に遭い、喪失してしまった。「福澤井蹟」の表示板も、昭和三十八年山口厚生病館が取り壊される際に消滅。昭和六十二年に、大阪大学医学部付属病院の西棟一階奥、助産婦学校の壁に「福澤井蹟　天保五(一八三五)年　福澤諭吉誕生」と記されたプラスチックの板が貼られるも、同病院取り壊しで、消滅してしまった。残念な限りである。

◉福澤先生誕生地記念碑（昭和４年）
［慶應義塾福澤研究センター蔵］

蔵屋敷遺構から見えてくるもの

中之島周辺に百を超える蔵屋敷があった訳だが、市の中心部に当たっていたということもあって蔵屋敷の遺構はほとんど現存していない。一つ、天王寺公園(大阪市天王寺区)に白壁の**旧黒田藩蔵屋敷長屋門**が現存している。現在中之島三井ビルの場所がおおむね福岡黒田藩の蔵屋敷にあたり、その長屋門が昭和八年三井ビル建設に際し大阪市に寄贈され、今日に至っている。

また大阪城公園に近い大阪歴史博物館(大阪市中央区)には、中之島田蓑橋南詰にあった広島藩蔵屋敷の復元模型が展示されている。これは慶応二(一八六六)年に描かれた「芸州大阪御屋敷全図」(大阪商業大学博物館所蔵)を基に作られ、さらに大阪大学医学部移転に伴い、ここに位置していた久留米藩、広島藩の蔵屋敷発掘調査が平成七年より行われ、その成果も加味されている。

広島藩蔵屋敷の復元模型を見ると、藩主が参勤交代の途上に利用する御殿、事務を執る役所、道筋に沿っては蔵屋敷の役人が居住する長屋、米蔵、鉄蔵、紙蔵、堂島川から直接、船が入り込める堀、すなわち「舟入」などが設けられていた。しかし、広島藩の蔵屋敷は、熊本、福岡、佐賀藩と共に「四蔵」と称されたほどで、蔵屋敷中、最も大規模なものであった。中津藩（十万石）と広島藩（四十二万六千石）の蔵屋敷は堂島川をはさんで対岸に位置するが、規模としてはかなりの差があった。しかし、蔵屋敷の姿を知る上で、このような展示は我々に貴重な情報を与えてくれる。

［加藤三明］

◉福澤家　略系図

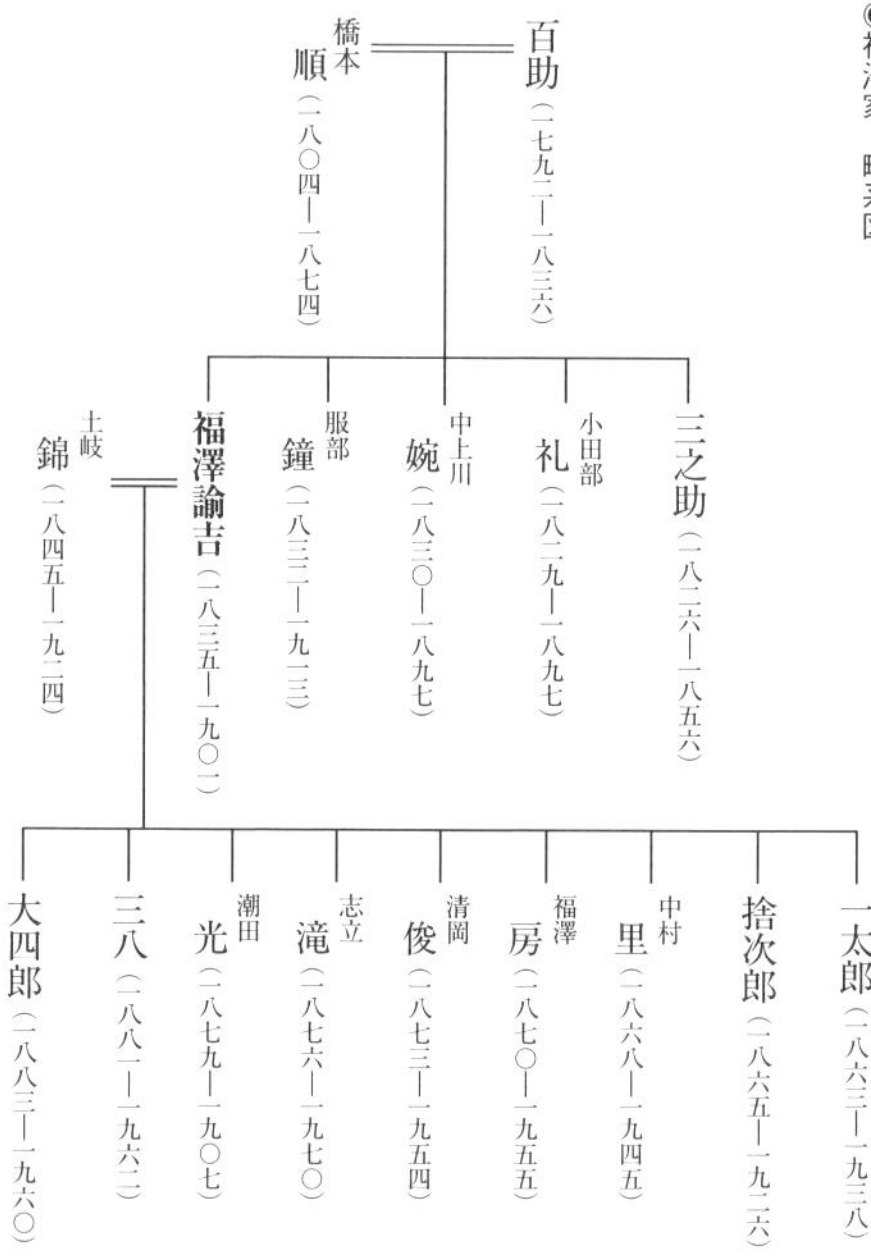

◉大阪中之島周辺

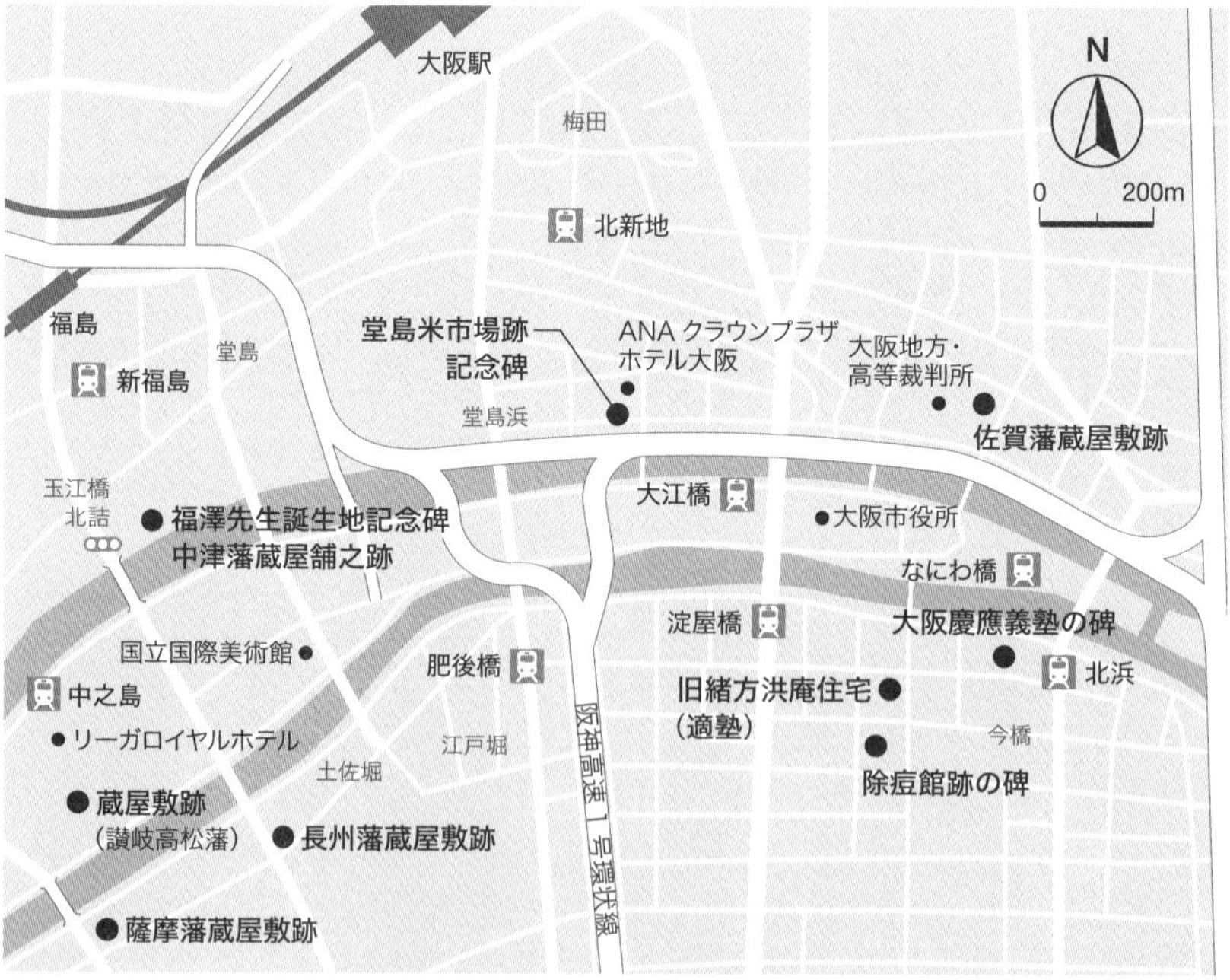

福澤諭吉旧居

中津　1

豊前国中津藩の下級武士であった福澤は、数え三歳から二十一歳までを中津で過ごした。小倉駅から特急で約三十分に位置する中津には、福澤旧居・福澤記念館をはじめ、旧城下町内に福澤関連の施設が点在する。駅の観光案内所にレンタサイクルがあるが、自転車で回るのにちょうどいい広さである。

父百助の死と中津への帰京

大阪の中津藩蔵屋敷で福澤が生まれて十八カ月後、天保七(一八三六)年六月、父百助が急逝してしまう。夫を失った福澤の母、お順《じゅん》は、福澤を含めた五人の子どもを連れて、郷里の中津に帰った。福澤はこの時から、蘭学を志して長崎遊学に赴くまでの十八年間を中津で過ごすことになる。

大分県中津市は、当時譜代十万石奥平家の城下町で、福岡県との境を流れる山国川の河口に開けた町である。東は周防灘に臨み、現在人口約八万六千人(平成二十四年一月現在)、豊前平野の中心をなす大分県第三の都市である(巻末中津市内地図参照)。

江戸時代の中津は、山国川分流の中津川を背に、扇形に広がった中津城を中心とし、南は蛎瀬《かきぜ》川を城下町の外堀としていた。本丸西側の三の丸(現三ノ丁)に家老屋敷、その外側の殿《との》町、片端《かたは》町、諸《もろ》町に上級武士の屋敷、さらにその外側(日豊本線を越えた所)の金谷《かなや》に下級武士の屋敷が置かれていた。城の南東には、二の丸の馬場、それから町屋。そして城の東側にも下級武士の屋敷が置かれ、その地域は下《しも》辺《へん》と呼ばれている。

「足軽よりは数等よろしいけれど、士族中の下級」という福澤家も下辺の留守居《るすい》町に在った。現在、**福澤旧居・福澤記念館**がある場所に当たる。しかし、大阪から中津に戻った福澤一家が住んだ家は、現存する旧居から道を隔てたすぐ前、間取りが石で復元されているところにあった。この事実は、昭和二十三年九月この家の平面図が福澤家から発見されたことから判明した。その平面図には、福澤の自筆で、

「豊前中津留守居町福澤諭吉旧宅の図。諭吉は天保七年の秋、大坂より中津へ帰る。干時生れて十八カ月。此宅に育せらるること凡《およ》そ十五年、同町橋本氏の家を買っ

て引移る。但し諭吉が一兄三姉と共に眠食して母の保護を蒙りたるは此旧宅なり。今既に痕なし。後日の備考の為に常に記憶する所を写し置くなり　明治十九年九月二十四日」

と記されていた。この家は間口二間半、奥行十五間、間取りは、三畳、三畳程、三畳程、八畳となり、母子六人がよく住めたという広さである。しかも十五年間の大阪勤番で、空き家になっていたこの家は、三回もの洪水に遭い、朽ち果てんばかりで、近所の人は「血槍屋敷」と呼んでいた。以上のことからも、当時の福澤家の細々とした暮らしぶりが伝わってくる。

和田嘉平治作の胸像

一方、現存する旧居は、実は母お順の生まれた橋本濱右衛門《はまえもん》の屋敷であった。志従《しより》（お順の妹）の婿養子で橋本家を継いだ橋本塩巌《えんがん》（儒学者）が、近くの仲間町に塾を開いて移ったので、諭吉十八歳の時、福澤家がこれを譲り受けて移り住んだ家なのである。簡単な門もあり、四畳半、六畳、六畳、八畳と福澤家の家格にしては、立派な家である。そして、この家で長崎留学までの二年間を過ごしたのである。その旧居は旧中津藩主奥平家の所有となっていたが、明治四十三年中津町に寄付された。昭和五年五月に福澤記念館が建設されて旧居付近が整備され、昭和四十六年には旧居ならびに前側の**旧居跡**が国史跡文化財の指定を受け、現在に至っている。

旧居右手には、昭和五十年十一月に建設された鉄筋コンクリート二階建ての福澤記念館が設けられている。ここには、福澤および門下生の遺品、遺墨、写真等の資料が展示されている。そして、記念館の入り口には、福澤の胸像が置かれている。この胸像について高橋誠一郎（慶應義塾大学名誉教授）が次のように書いている。

「私が、初めて、この先生の旧居を見たのは、昭和二十三年六月三日のことである。同日、中津市で挙行された福澤先生の銅像除幕式に参列した際である。

胸像は、先生の旧宅に隣接して建てられた福澤記念館と向い合って、小公園の中に据えられている。この像は、初め、老彫塑家の和田嘉平治氏が先生を尊敬するのあまり、誰の依頼を受けたのでもなく、独力で製作したものだと聞いている（昭和五年）。

この像は、戦前、あたかも、顧客を待つかのように、あるいは、交詢社の談話室に、あるいは、慶應義塾の会議室に淋しそうに置かれていた。それが、幸いにして、中津に引き取られることになったのであるが、戦争酣《たけなわ》

◉福澤胸像

な頃、供出の憂き目に逢い、空しく鋳潰されてしまった。それを遺憾として、中津市の初代市長佐藤寅二氏を会長とする『福澤先生の会』が発起し、市当局その他の援助を受け、再び和田氏を煩わして、ここに復旧することとなったのである」(「中津の福澤先生胸像」『随筆慶應義塾 続』)

気にも留めなければ見過ごしてしまいそうな銅像にも、これだけの歴史があるのである。

下辺の史跡

旧居跡のところには、福澤が漢学の師として最も長く師事した**白石照山先生顕彰碑**、そして淡窓伝光霊流中津詩道会発足四十周年記念として昭和五十年に建立された**人事忙中有清閑**という福澤の語を記した二つの碑がある。

福澤記念館から小道を隔てたところには、**増田宋太郎先生宅址の標石**が立ち、小公園になっている。そして、その中に昭和十六年三月に西南の役六十年記念として建立された**西南役中津隊長　増田宋太郎先生誕生之地の碑**がある。

福澤の母方祖父橋本濱右衛門は、増田家からの養子で、増田久敬《ひさたか》の弟久健《ひさたけ》であった。増田宋太郎は久敬の孫であることから、福澤の再従兄《またいとこ》に当たる。宋太郎の母が国学者渡辺重名の娘であったことから、早くから国学を修め、明治三年、福澤が中津に母を迎えに帰った時、旧居に滞在していた福澤の命を狙ったという人物である。明治九年、慶應義塾に入塾するが、数カ月で退塾したという（しかし、慶應義塾の入社帳にはその名前がない）。明治十年、西南の役が起きると、西郷隆盛の義に感じ、中津隊五十余名を率いて参戦、二十八歳で城山の露と消えてしまった。墓所は中津下正《しもしょう》路《じ》**安全寺**と鹿児島市南洲墓地にある。

福澤は、幼時に籍の上では、中村家の養子になっていた。実は福澤の祖父福澤兵左衛門政房は、中津藩士中村須右衛《すえ》門《もん》の子で、福澤家に婿養子に入った。兵左衛門の長男百助は福澤家を継ぎ、次男術平はなんと中村須右衛門の養子となったのである。そして百助の次男である諭吉は、中村術平の養子となった。このように福澤家と関係の深い中村家は、留守居町より一本南の通り、新堀町筋に、現存しない旧居と裏を接するような位置関係にあった。また、同じく新堀町筋には、福澤が初めて漢学の手ほどきを受けた服部五郎兵衛宅もあった。これまでのことから推察すると、家格の異なるものとは付き合えないという状況下で、福澤の幼少時の生活圏が、下辺それもほとんど自宅周辺に限られていた可能性が高い。

　他に、下辺には北門通の和田公園に**和田豊治翁頌徳碑、和田豊治翁誕生地の碑**がある。和田豊治は、中津藩のお鷹部屋和田薫六の長男で、貧しいながらも小幡篤次郎（二〇頁参照）が保証人となって明治十五年から慶應義塾に学び、アメリカに留学。日本郵船、三井銀行、鐘紡の要職を歴任、富士紡の経営再建に寄与し、後に貴族院議員も務めた大実業家である。耶馬溪鉄道の創設にも尽力、大正五年、中津の青少年育成のため、「和田奨学会」を設立、その恩恵を受けた人は、三〇〇〇人を超えるという。また、和田の企画で大正七年に中津絹糸紡績を設立、大正十年には自らが社長を務める富士紡に合併、富士紡中津工場として昭和六十年まで操業し、中津の経済を支えた。中津出身で上京し、名をあげた人で唯一、中津に墓を設けている。いかに故郷中津を愛したかが分かる。寺町**浄安寺**の端に、寺と入り口を異にした和田家の広い墓所がある。

　先ほど、福澤家と中村家の縁戚関係について述べたが、この浄安寺には、須右衛門の子で（福澤）兵左衛門の弟、中村壽山の墓と父百助の弟で中村家の養子となった中村術平の墓がある。中村壽山の墓は、寺に入って左側の壁際にあり、「壽山良義居士」と彫られ、墓石の側面には福澤咸（百助）撰文、中村茂徳（術平）書の追悼の文が刻まれている。そして本堂裏には「顕岳義勇居士、照室貞光信女」と彫られた中村術平夫妻の墓がある。

［加藤三明］

◉中村家　略系図

祐右衛門――八十之助――須右衛門
- 祐右衛門（文化二年死去）
- 五郎右衛門（中根安兵衛養子寛政十一年死）
- 兵左衛門（福澤友米養子）
- 壽山（一時中根氏養子離縁　天保五年死）
- 術平（福澤兵左衛門次男　明治二年死）＝妻善（中上川彦次郎長女）
  - 諭吉（福澤百助次男・のち安政三年離縁）
  - 正九郎（東条利八次男のち正男）＝妻（荒川彦兵衛次女）
    - 英吉

中津城とその周辺

中津　2

中津で福澤関連の史跡を巡るときは、口絵に掲載しているような旧城下町の図を携帯するといい。上士の居住地域、下士の居住地域、商人の町、寺町の区分けがはっきりしており、各史跡に関してより理解を深めることができる。

中津城

山国川河口を背に縄張りされた**中津城**（口絵参照）は、内堀に海水を引き込んでおり、日本三大水城に数えられている。その中津城主の変遷から見てみよう。

天正十五（一五八七）年、豊臣秀吉の九州征伐の軍功により黒田官兵衛孝高《よしたか》（如水）が豊前十六万石を与えられ、築城に着手したのが、中津城の始まりである。慶長五（一六〇〇）年関が原の戦いの後、黒田家は筑前五十二万石に転封、丹後宮津から細川忠興が豊前一国と豊後二郡三十二万石を与えられ、中津城へ入封した。

忠興は、翌年小倉城を築城して移り、嫡男忠利が中津城主となった。慶長九年、忠興が隠居し、忠利と交代して、中津城に入り、三の丸と外郭を増築、城下町もほぼ現在の姿に整備した。寛永九（一六三二）年細川忠利が肥後熊本に転封、播磨龍野から小笠原長次が八万石で入城、小笠原家が五代続くが、小笠原氏は断絶してしまう。

享保二（一七一七）年丹後宮津から譜代奥平昌成《まさしげ》が十万石で入封し、奥平家として九代目の城主奥平昌邁《まさゆき》が明治維新を迎えた。明治三年、福澤の勧めで、他藩に先駆けて廃城届を提出し、城門と櫓《やぐら》を取り壊してしまった。

現在、中津城址は中津公園地として整備されている。昭和三十九年奥平家十七代当主昌信氏が、薬研堀《やげんぼり》に面した本丸に五層の天守閣と二層の隅櫓《すみやぐら》を鉄筋コンクリートで建てた。天守閣は、資料館として公開されているが、隅櫓は一階が洋室、二階が和室になっており、住まいとして使用できるようになっている。天守閣望楼に登ると、西に山国川、北に周防灘、東に城下の町並みが一望の下に見渡せる。**福澤旧居**も、鉄筋コンクリートの**福澤記念館**が木造家屋の中で際立っているため、容易に位置を知ることができる。し

◉中津城天守閣から旧城下町を望む

かし、残念ながら江戸時代には二十二の櫓はあったが、天守閣は存在していなかったという説が有力である。

本丸三齋池隣に、高さ一二メートルもあるオベリスク型の**独立自尊の碑**が高くそびえている。この碑は、福澤が亡くなって三年後の明治三十七年、大分県教育会によって公園地中央に建てられ、昭和七年に現在地に移設されたものである。当初、福澤の記念碑を建てる予定であったのが、福澤家から諭吉は生前記念碑などは大嫌いであったと申し

◉独立自尊の碑

出があり、福澤の主義を刻んだこの碑になったという話がある。大分県教育会は、大分県師範学校同窓会が発展したもので、福澤を顕彰して、この記念碑の建立と、大分市の図書館を新築する際、福澤記念図書館と命名した。この図書館は、昭和六年に県に移管、大分県立図書館となった。

その手前右手には、**歯科医第一号小幡英之助の銅像**が建っている。小幡英之助は、嘉永三（一八五〇）年中津藩甲州流軍学師範、小幡孫兵衛の長男として殿町で生まれた。初めは砲術を修めていたが、やがて中上川彦次郎《なかみがわひこじろう》とともに慶應義塾にて洋学を学ぶ。さらに横浜でアメリカ人歯科医セントジョージ・エリオットについて歯科医の修業を積み、明治八年、自らの提案で医学開業試験に歯科専門免許を設

◉歯科医第一号小幡英之助の銅像

置させ、歯科専門医第一号となった。この銅像は、昭和十二年に建立されたが、戦時中に供出され、同四十一年五月再建された。題字は福澤門下で千代田生命創立者・門野幾之進、撰文は元帝国学士院会員で歌人・佐々木信綱、像は日本彫塑会員・溝口寛という面々が携わっている。

中津市学校

藩主の一族や家老の屋敷があった三ノ丁（旧三の丸）は、今も幅広の道の両側に落ち着いた形で整然と家屋が並んでおり、城下町の他の地域とは趣を異にしている。その三ノ丁、旧大手門付近に、現在南部小学校がある。かつてこの場所には、福澤が旧藩主奥平昌邁《まさゆき》に勧めて、明治四年に開校した洋式英学校、中津市学校があった。

福澤著「旧藩情」に、

「明治四年廃藩の頃《こ》ろ、中津の旧官員と東京の慶應義塾と商議の上、旧知事の家禄を分《わか》ち旧藩の積金と合して、中津の旧城下に学校を立て、之《これ》を市学校と名《なづ》けたり…（中略）…市学校は恰《あたか》も門閥の念慮を測量する試験器と云ふも可なり」

とその設立の趣意が記され、『慶應義塾百年史』には、

「創立のとき義塾からは小幡篤次郎《おばたとくじろう》、松山棟庵《とうあん》の両名が最初の教師として赴任し、教授および経営のことを担任、ついで浜野定四郎《さだしろう》が小幡に代って校長となるなど、教師もだいたい中津出身の先輩塾員が前後派遣せられ、いわば義塾の分校のような姿をなし、校運の隆昌とともに地方の文化に及ぼす影響も甚大なるものがあった」

と解説されている。ちなみに福澤のベストセラー『学問のすゝめ』は、中津市学校開校に当たり、中津の青年に学問の趣旨を知らしめるために執筆したのが始まりである。

最盛期は生徒六〇〇名を数えたというが、西南戦争とその後の経済状況、各地における学校設置によって、生徒が十数人に激減、明治十六年三月には廃校となってしまった。

◉生田門（旧中津市学校門）

現在、この市学校で使われた洋書の教科書七八冊が、**中津市立小幡記念図書館**に保管されている。

　南部小学校の西側には**生田門**《しょうだ》と呼ばれる薬医門があり、現在同小学校の正門として用いられている。南部小学校の敷地は、ほぼ「大手屋敷」と呼ばれた家老生田四郎兵衛(一八〇〇石)の屋敷跡であり、その屋敷の門が今に残る生田門である。元来は、小学校の北側、大手門の石垣西端から西に二〇メートルほどの所に建っており、中津市学校の校門としても使用された。明治三十四年の南部小学校開校以来、校門として利用されてきたが、昭和四十六年、校舎改築の際、道路を挟んだ錬心館(武道場)の門として移築され、同六十三年に老朽化のため解体された。しかし、平成十三年三月、現在の地に場所を変更し、復元工事が完成した。ただし、現在生田門がある場所は、正確には生田家の屋敷の敷地ではなく、隣接して「中の屋敷」と呼ばれた奥平図書の敷地に当たる。

福澤の片腕、小幡篤次郎

　江戸時代には、三の丸から、堀を隔てて一つ外郭に当たる場所に、上級武士の屋敷が並んでいた。現在、その殿町にある中津市歴史民俗資料館の敷地内に、**小幡篤次郎生誕の地、小幡英之助生誕の地の標柱**が立っている。

　小幡篤蔵は供番という家格の二百石取りの上士であったが、身分格式上の争いによって隠居させられてしまう。そこで家督相続のため、服部五郎兵衛の弟、孫兵衛を養子とした(そして、その子が前出の小幡英之助である)。その後、小幡篤蔵の次男篤次郎《とくじろう》は、篤蔵の実子として天保十三(一八四二)年この地で生まれた。

　元治元(一八六四)年、福澤は、中津に帰省し、塾の将来

◉小幡英之助・篤次郎生誕の地

◉小幡篤次郎胸像（中津市立小幡記念図書館内）

を担う人材を藩士の次男、三男から物色し、小幡篤次郎、その弟小幡甚三郎、浜野定四郎など、六人を塾に入門させた。

篤次郎は中津市学校が設立されると校長として赴任、さらに慶應義塾の塾長、副社頭、社頭を務めるなど、福澤の片腕として活躍した人物である。また、篤次郎は、病気のため死期が近づいた明治三十七年、和田豊治らに、三四〇坪の殿町の土地と家屋、それに蔵書の半分を寄付することで、中津に図書館設立を依頼し、翌年四月に逝去した。こうして同四十二年一月十日、小幡宅跡に中津図書館が開設された。以後、財団法人小幡記念図書館、中津市立小幡記念図書館と変遷し、現在に至っている。

現在の歴史民俗資料館の建物は、昭和十三年に小幡記念図書館として建設され、平成五年四月二十三日、道を挟んで斜め向かい、片端町の槇文彦氏設計の新図書館に移転するまで、図書館として使用された建物である。現在の小幡記念図書館は、かつては藩校進脩館が、それから中津市役所、公会堂が置かれた場所に位置し、館内には「小幡篤次郎翁記念展示コーナー」が設置され、胸像も置かれている。

なお、小幡篤次郎の墓所は、東京広尾の祥雲寺にあるが、中津寺町の**大法寺**には、「小幡家先祖代々之墓」がある。ちなみに大法寺には、福澤の長姉小田部《おたべ》礼《れい》の墓もある。

［加藤三明］

金谷、明蓮寺
中津 3

窮屈な中津を飛び出したくて、「うしろを向いてつばきして」長崎へ蘭学修業に赴いた福澤であったが、「人誰か故郷を思わざらん、誰か旧人の幸福を祈らざる者あらん」（「中津留別の書」）と中津に対して望郷の念を持ち続けた。

下級武士の居住地、金谷

殿《との》町から外郭に諸《もろ》町、新魚《しんうお》町と続き、現在の日豊本線（かつて掘割があった）を越えたところに金谷《かなや》という下級武士の居住地があった。金谷の西ノ丁、上ノ丁は、今でも小路に土塀を見ることができ、武家屋敷の名残りを感じられる地域である。その金谷の森ノ丁にある中上川公園に**中上川彦次郎生誕地の説明板**が立っている。

中上川彦次郎は、安政元（一八五四）年八月十三日、父才蔵と母婉《えん》の長男としてこの地に生まれる。母婉は、福澤の次姉に当たる。才蔵は供小姓、十三石二人扶持の家格であり、十三石二人扶持の福澤家とは同等の家格で、御蔵方（出納係）を務めていた。家は平屋建てで、玄関、座敷、寝間、食事部屋の四部屋に、炊事場と便所という手狭なものだったと『中上川彦次郎伝』（白柳秀湖著）に書かれている。しかも貧しい生活であったため、隣には二階建ての鳩小屋があり、鳩の糞を染色剤として売って、副収入を得ていたという。

さて彦次郎は、慶應義塾に入社、中津市学校、慶應義塾の教師となる。『福翁自伝』（以下、『自伝』とする）に、

「金の方ができたから、子供をあと回しにして中上川彦次郎を英国にやりました。彦次郎はわたしのためにたったひとりの甥で、彼方《あちら》もまたたったひとりの叔父さんで、ほかに叔父はない、わたしもまた彦次郎のほかに甥はないから、まず親子のようなものです」

とあるように、福澤の愛情と資金援助により十九歳の時、イギリスに留学。「時事新報」主筆、山陽鉄道社長を経て、三井に入り、三井銀行の改革、そして王子製紙、鐘淵紡績、北海道炭鉱、芝浦製作所を傘下にし、三井の工業化を推し進めた。残念なことに明治三十四年、四十七歳で逝去してしまう。

そして、この中上川公園は、中上川家、他三軒の敷地を利用して、昭和五十五年に開園されたものである（中上川家は角から南へ二軒目）。また、金谷上ノ丁には慶應義塾に学んだ岩田茂穂（獅子文六の父）の生家もあり、古金谷町には明治元年生まれ、慶應卒業後、実業界で活躍した磯村豊太郎の生家もあった。磯村は、昭和二年に完成した中津公会堂の建設資金を寄付している。

福澤家菩提寺

中津城下町の東、蛎瀬川を利用した外堀沿いには、防御線を兼ねて寺町が構成されている。寺町に隣接して、中津での福澤家の菩提寺、浄土真宗**明蓮寺**（桜町）がある。その明蓮寺墓地に**中津市指定文化財　史跡　福沢家先祖の墓二基**という標柱が立ち、傍らに「先祖代々墓」（正面）「飯田氏」（右側面）「福沢氏」（左側面）と彫られた墓石と、その左に「釈　妙蓮信女」（正面）「文化八未年」（右側面）「八月十日」（左側面）と彫られた墓石がある。標柱側面には「福沢諭吉の曽祖母の墓と福沢・飯田家先祖代々の墓」と書かれている。「福澤手帖24」（福澤諭吉協会発行）に掲載されている「釈妙蓮の墓碑発見の報告」（嶋通夫筆）には、この墓碑を昭和五十四年八月三十一日に発見した経緯などが述べられている。

◉福沢家先祖の墓（明蓮寺）

　福澤家の系図（『福澤諭吉全集　第二十一巻』）を見ると、諭吉より四代遡った朴右衛門直行が飯田家より養子に入り、朴右衛門の長男小右衛門が飯田家の養子となり、次男友米《ともべえ》が福澤家を継いでいる。そして、福澤の曾祖母に当たる人は、「岡喜三右衛門女　文化六年己巳八月十日卒　葬櫻町明蓮寺　法謚妙専」と記述してあり、墓碑とは全く異なっている。福澤家系図から「妙蓮」の法名を捜すと、福澤の祖母阿楽の法名がそれになるが、「嘉永五年卒　葬龍王浜」とあり、これもまた墓碑とは異なっている。

　『考証福澤諭吉　上』（富田正文著）では、福澤家の系図と飯田家の系図でかなりの食い違いが指摘されている。福澤朴右衛門直行は、飯田家の系図では逝去の年月日、法名が同じで飯田朴右衛門直行となっており、その次男友兵衛《ともべえ》が福澤家の名跡を立てるため福澤友兵衛となっている。そして、その妻が「法名　釈妙蓮信女　中村須右エ門妹　文化八年未年八月十日卒明蓮寺中有之、諭吉一同ニ東京ニ改葬ス」と記されている。以上を鑑みると、飯田家の系図の方が正確で、この墓を福澤の曾祖母の墓とみなして良さそうである。古地図を見ると、飯田家は現存する福澤旧宅の隣にあり、明蓮寺の福澤家の墓地は、飯田家の墓地に隣接したというから、かなり関わりの深い家同士とみなすことができる。

龍王浜共同墓地

中津には福澤家の墓所として、福澤家系図や福澤氏記念之碑から明蓮寺、金谷三昧、龍王浜の三カ所があったことが分かる。これらの墓所は大正十四年、福澤の長男一太郎氏によって東京に改葬された。

しかし、中津城下の北の外れ、**龍王浜共同墓地**には、福澤の母の実家、橋本家の墓所がある。橋本家の墓所は、大変見つけにくい。城下の方から龍王浜墓地の道に入ると、道は右に曲がる。左側に木が三本立っているが、二本目の木の下に橋本家の墓所がある。ここに母お順の父橋本濱右衛門（釈徳林善隆居士）（十五石三人扶持）の墓、その妻轉（法輪轉大信女）の墓、福澤の母の妹志従《しより》の婿橋本塩巌の墓、その子橋本馬瀬の墓、馬瀬の妻で福澤の長姉小田部礼の長女ツネの墓がある。そして、橋本家の墓所の北側に福澤家の墓所があったと伝えられている。

◉橋本濱右衛門夫妻の墓

さらに墓地の道を進むと左側に、「白石先生墓」という案内の石柱が立ち、左奥に入ると、福澤の少年時代の漢学の師照山白石常人の墓がある。さらに墓地奥、道に面した左側に、墓石にクルスを刻んだ服部復城　神婢徳露斐亜《とくろひあ》之墓がある。徳露斐亜は洗礼名で、福澤の三姉服部鐘のことである。

また、元治元(一八六四)年、小幡篤次郎と共に慶應義塾に入門、中津市学校長、慶應義塾長になった浜野定四郎の父、浜野覚蔵と浜野家先祖累代之墓が、龍王浜墓地にあったが、近年子孫の方が整理され、お骨だけを自性寺の無縁墓所に収めた。

長崎蘭学修業へ

若き福澤は、この中津から次のような心情で長崎蘭学修業へ旅立っていく。

「そもそもわたしの長崎に行ったのは、ただ、いなかの中津の窮屈なのがいやでいやでたまらぬから、文学でも武芸でもなんでも外に出ることができさえすればありがたいというので出かけたことだから、故郷を去るに少しも未練はない。こんな所にだれがいるものか、一度出たらば鉄砲玉で、再び帰って来はしないぞ、きょうこそいい心地《こころもち》だと、ひとり心で喜び、うしろ向いてつばきして、さっさと足早に駆けだしたのは、いまでも覚えている」(『自伝』)

事実、福澤は、幼少期の中津に良い印象を抱いていない。「旧藩情」に著されているように、多方面にわたる不条理な上士、下士の差別。『自伝』にも、

「中津は封建制度でチャント物を箱の中に詰めたように秩序が立っていて、何百年たってもちょいとも動かぬというありさま」

とある。下士の家に生まれた苦渋を日々味わい、それに加えて、長く大阪にいた福澤家は、着物、髪の結い方、言葉と、大阪風に慣れて、どうも中津の風《ふう》と合わない。周囲から白眼視され、福澤一家は、自然と家に引っ込んで、家族の絆を強くしていったことであろう。

しかし、後年の福澤は、有為な人材の慶應義塾への勧誘、中津廃城の勧告、中津市学校の設立、奥平家との親交など、常に中津のことを気に懸けていた。そして明治三年、福澤が中津に母を迎えに行った時、中津の人々に書き送った「中津留別の書」の末尾では「人誰か故郷を思わざらん、誰か旧人の幸福を祈らざる者あらん」と、故郷に対する愛着で締め括っている。また、明治十年六月二日に福澤が中津の鈴木閒雲《かんうん》に送った手紙に、

「小生ハ中津人ニして中津人ニあらず、中津旧藩之盛衰も左まて心ニ関せず、奥平様の禍福《かふく》も夫《そ》レ程ニ頭痛ニ病まず、中津の学校も工業も、等《ひと》シク是レ人事之一小部分浮世之外之細事とハ思へども、折節《おりふし》物ニ触れ事ニ当りて、旧里之事ハ丸で棄て難きものなり。是《これ》亦人生の至情ならん」

と微妙な言い回しながら、やはり故郷に対する愛情は絶ち難いことを吐露している。

中津駅前の福澤立像

今、中津駅北口に降り立つと、像の高さが三メートル、台座の高さが二メートルもある**福澤立像**が我々を迎えてくれる。この立像は、昭和五十九年十一月、福澤の肖像が一万円札に採用されたことを記念して、翌年三月二日に完成したものである。筆者が初めて中津を訪れたのは、昭和六十年のことになる。当時は一万円札ブームで、北口駅前から始まる日の出町アーケードには、福澤の顔がデザインされた垂れ幕が下がり、福澤に関連した名前の付いた菓子が十数種類も店先に並べられ、活気のある様相を呈していた。しかし、今やシャッターを下ろした店舗が増えつつある。福澤記念館の観覧者数も、昭和五十九年の年間二一万二〇八八人をピークに年を追って減少し、平成十六年には三万五〇〇五人になってしまった。平成二十三年四月にリニューアルオープンした。富士紡績中津工場の跡地には、「ゆめタウン中津」という大型ショッピングセンターが生まれた。駅の南側、城下町周辺、国道沿いには新しい風が吹きつつあるが、昔の面影を垣間見ることのできる旧城下町はどのようになっていくのであろうか?

とは言え、中津を訪れて毎回感じるのは、中津の人の人情である。福澤旧邸保存会のスタッフの方々、通りがかりに道を尋ねた人、鶏の唐揚げ屋のおじさん、墓所を訪ねたお寺の方、筆者が忘れ物をしたタクシーの運転手さん、そのタクシーを捜す努力をしてくださった鱧料理屋の女将さん。皆さんの親切にどれだけ助けられたことか。この人情は、東京ではもはやなかなか味わうことができない。この人情を、福澤の徳の伏流が表出したものと感じるのは、考え過ぎであろうか。

［加藤三明］

◉福澤立像

II

蘭学修業

長崎
遊学の地

鎖国体制下で、唯一海外（オランダ、中国）と交流があり、今も出島、グラバー園、唐人屋敷、中華街と観光名所がある長崎。ここで異国の風を浴びながら福澤は、オランダ語の勉強に励む。しかし、諭吉のオランダ語の上達ぶりから、家老の息子奥平壱岐の嫉妬で長崎を去ることになる。

西洋文化流入の地

キリスト教流布の速さに警戒した幕府は、寛永十六(一六三九)年のポルトガル船来航禁止をもって、完全な鎖国体制を確立した。しかし、長崎は鎖国体制下にありながら、オランダと中国に限っての唯一の貿易港として認められ、文化的経済的繁栄を誇っていた。

オランダ商館が置かれたのは、面積一万三千平方メートルの人工島、出島であった。ここに限ってオランダ人の居住を許した。しかし、開国となり出島の必要性がなくなって、その周囲の埋め立てが進み、明治三十七年に島は姿を消してしまった。しかし、現在、復元整備計画が進み、平成十二年には「ヘルト部屋」をはじめとした五棟が、平成十八年には「カピタン部屋」「乙名部屋」などの五棟が完成し、博物館機能を備えた施設として公開されている。さらに残りの十五棟の建物の復元が計画され、より長期的には四方に水面を確保し、十九世紀初頭の扇形の島の完全復元を目指す計画も立てられている。

日本人とオランダ人の自由な接触は禁じられたとはいえ、長崎が唯一の西洋文化流入の地という特異な存在だったため、当時の若い俊才たちが長崎留学を志した。林羅《ら》山《ざん》、青木昆陽《こんよう》、平賀源内、前野良沢《りょうたく》、頼山陽《らいさんよう》、渡辺崋山、高野長英、緒方洪庵、伊能忠敬、吉田松陰、坂本龍馬、大隈重信、森有礼などが長崎の地を踏んでいるが、福澤も例外ではなかった。

兄三之助と赴いた長崎

安政元(一八五四)年二月、封建的で窮屈な中津を飛び出したかった福澤(満十九歳)は、兄三之助に伴われて長崎に

◉光永寺山門

赴く。そこには、次男である諭吉の行く末を考えた兄の配慮が感じられる。ペリー来航以来、にわかに湧き起こった海防論を背景に砲術を修めるには蘭学を学ぶ必要があるという兄の先見の明が、福澤の長崎遊学をもたらした。

「それから長崎に行って、そうして桶屋町《おけやまち》の光永寺というお寺をたよったというのは、そのときにわたしの藩の家老のせがれで奥平壱岐《いき》という人はそのお寺と親類で、そこに寓居しているのを幸いに、その人をたよってマアお寺の居候になっているそのうちに…」と『自伝』に記しているように、長崎に来た福澤は「東本願寺の末寺」、「下寺の三ヵ寺も持っているまず、長崎では名のある大寺」である**光永寺**に止宿することになった（奥平壱岐の母は光永寺第八・十代住職日蔵の娘で、父の妹は福澤が滞在していた時の第十一代住職羅云の室となっている。ちなみに現在の住職は第十六代正木慶晴氏である）。

観光名所である眼鏡橋から中島川を上流に向かい、魚市橋、東新橋、芒原橋と、約三〇〇メートル遡ると一覧橋がある。その一覧橋の西詰に光永寺がある。一覧橋は、明暦三（一六五七）年に高一覧が架設、享和元（一八〇一）年閏七月に再架された橋も、昭和五十七年七月二十三日の長崎大水害によって流失してしまった。今ある橋は、昭和六十一年に中国・福州市産の花崗岩を使って架けられたものである。

向陽山光永寺は、開祖慶西が、一時キリシタン領になっていた長崎の地の仏教復興に力を尽くしたことから、現在の地を幕府から与えられ、慶長十九（一六一四）年に創建された名刹である。中島川に面して、県下唯一の朱印地様式の遺構である山門がある。山門の両側には、格子窓が見られるが、ここが門衛の住居になっており、これが朱印地様式と言えるものである。この山門は、文化元（一八〇四）年にそれまで桶屋町通りに面していた正面を、今の中島川側に移した際に新築したもので、同二年に落成したものである。

山門の右側に、昭和十二年五月に長崎三田会が建立した**福澤先生留学址**（小泉信三書）**の碑**が立ち、山門左側には、**長崎県議会開設の地の碑**が立っている。

山門をくぐると、正面に平成元年五月に完成した間口十二間の本堂がある。福澤が止宿していた時の本堂は、文化十二（一八一五）年に竣成した間口が十七間もある九州でも有数の総欅《けやき》造りの本堂があったが、原爆投下の爆風で大破し、取り壊してしまったという。

本堂の右手に庫裏《くり》があるが、その庫裏に福澤が起居していたと伝えられる鞘《さや》の間がある。現在、鞘の間は、内庭に面した廊下のようになっている四畳ほどのところで、隣接して奥平壱岐がいたと言われる床の間のある十二畳ほどの客間がある。

『自伝』に登場する井戸

光永寺に来て間もなく、福澤は奥平壱岐の世話で、大井手町《おいでまち》（現在は出来大工町）に住む山本物次郎の家の食客となった。山本家で福澤は、目の不自由な主人に書物を読んであげる。息子に漢書を教えてやる。借金のいい延ばしや申し込み、さらに下男が病気でもすれば、水汲み、掃除、犬猫の世話と鄙事《ひじ》多能。実に甲斐甲斐しく働き、養子にと懇願されたほどであった。

『自伝』では、山本を「長崎両組の地役人で砲術家」と記している。山本は、高島秋帆《しゅうはん》に就いて砲術を学び、自ら大砲を鋳造したこともあった。両組とは、長崎奉行所付の下級役人で、陸上および海上の警護に任ずる町使《ちょうし》をいい、地役人とは江戸から派遣された役人ではなく、長崎の者を起用した役人のことである。

長崎奉行の地役人であったということで、長崎歴史文化博物館蔵『長崎諸役所絵図』「大井手町町使長屋」を見ると、「山本」の名があり、ここが山本物次郎の宅になる。「山本」家の隣に「小原」家があり、その傍らに井戸の印がある。『自伝』に、

「上方辺の大地震のとき…表の井戸端で水をくんで、大きな荷桶《にない》をかついで一足踏み出すとそのとたんに、ガタガタと揺れて足がすべり、まことにあぶないことがありました」

と書かれているのが、この井戸である。この井戸は、これまで山本家の井戸と考えられていたが、実は町使長屋の共同井戸だったのである。また一緒に坊主のふりをして、市内を回り、銭や米をもらったという山本の隣家、杉山松三郎の家は、『絵図』で山本家の斜向かいにある「杉山」であろ

う。

現在、諏訪神社下の「馬町」の交差点から市公会堂方向に七〇メートルほど行くと、右手にＥＮＥＯＳのガソリンスタンドがある。その脇の小道を右に入ると、道は自然に左に曲がる。曲がった左側に**福澤先生使用之井の石碑**（昭和十二年五月　長崎三田会建立）が立ち、その右に屋根付きの深さ六メートルの井戸が現存している。以前は、近隣の方の植木が所狭しと置かれ、井戸がどこにあるのか判明しないほどの惨状だったが、長崎市在住の郷土史家川原竹一氏の尽力により平成二年十月に覆屋《おおいや》が完成し、同十五年には慶應連合三田会長服部禮次郎氏の働きかけで、屋根の葺《ふ》き替え、周囲の整備が行われ、今に至っている。

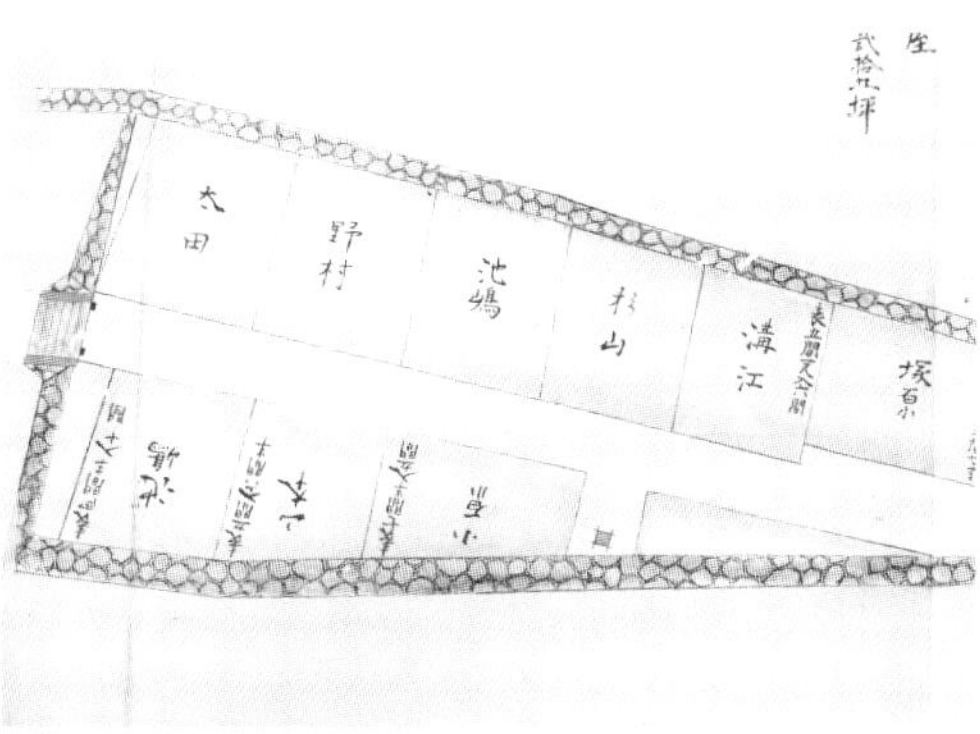
◉『長崎諸役所絵図』「大井手町町使長屋」［長崎歴史文化博物館蔵］

福澤諭吉先生之銅像

福澤先生使用之井から程近い所に、秋の大祭「長崎くん

◉福澤先生使用之井

ち」で有名な諏訪神社がある。中門に向かう長い石段の途中、左手に祓戸《はらいど》神社があるが、それに向き合うような位置に**福澤諭吉先生之銅像**がある。長崎三田会が平成十年一月に建てたもので、正面の題字は元慶應義塾長鳥居泰彦氏による。

長崎は、出島、グラバー園、オランダ坂、大浦天主堂など多くの魅力ある観光地を有しており、しかも英語伝習所跡、医学伝習所跡、海軍伝習所跡などの石碑が立ち、西洋文明の流入地だったことをうかがわせる。そして、深く入り組んだ湾、海に迫る山、狭い平野から山に向かってのし上がる家並み、稲佐山からの夜景と、風光明媚な土地である。日本国中、街が画一的な様相を示す今日、長崎もその観を免れないが、それでも他の街とは一線を画する雰囲気を有している。それは横浜、神戸、函館と、外国人居留地があった港に共通する異国情緒溢れる洒落た香りである。福澤は、長崎において蘭学を学んでいたが、これといった師についたわけでもなく、系統だった学習をしたわけではなかった。それは大阪の適塾入門を待たなければならないが、わずか一年とはいえ西洋に開いた小さな鎖国の窓、長崎の異国情緒溢れる空気を吸ったことは、二十歳という感受性の豊かな年齢であった福澤の精神に文明の風、自由の風を吹き込んだのではなかろうか。

［加藤三明］

●長崎市内（斜線部は旧出島）

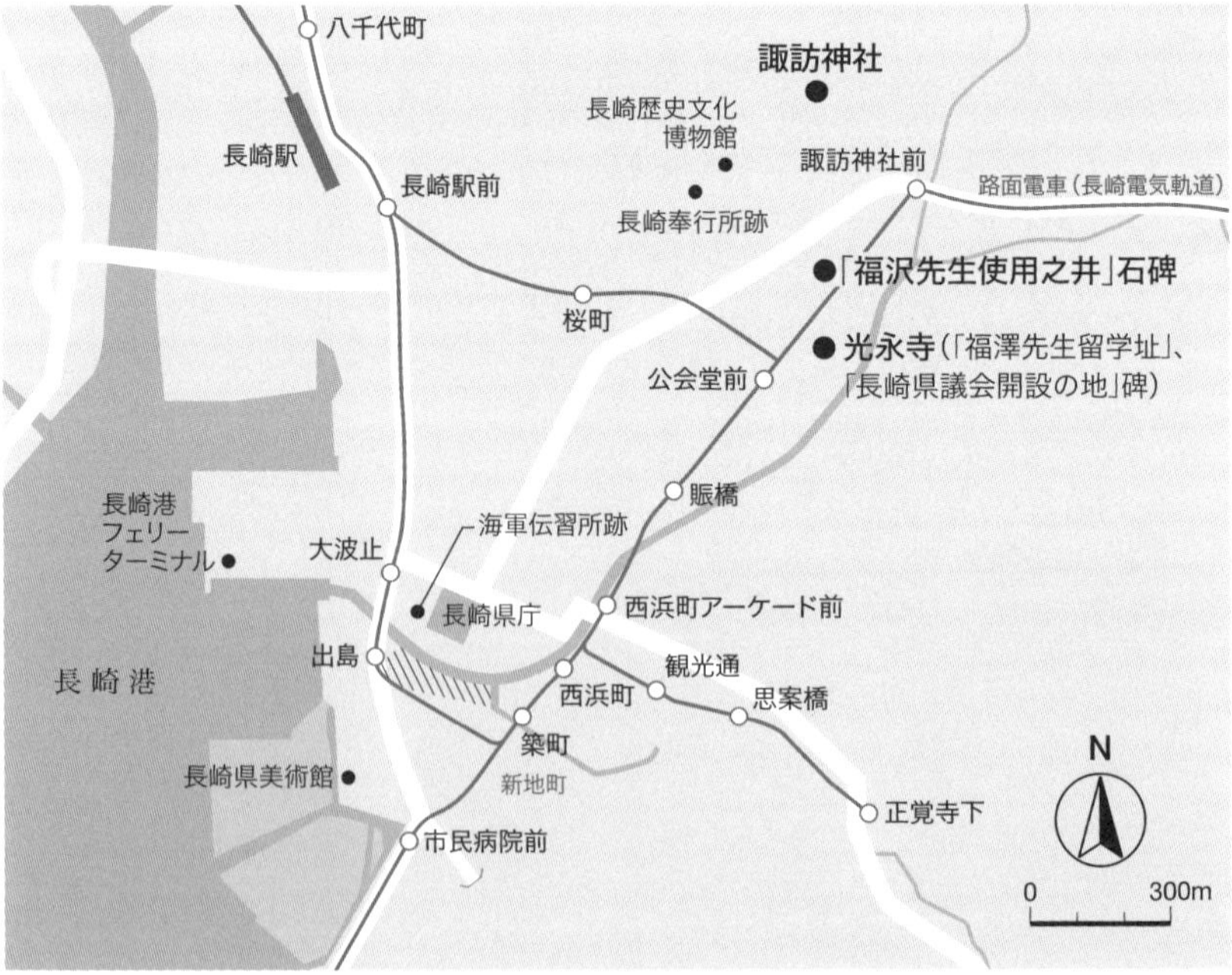

諫早

福澤、禁酒を解く

長崎から特急で二十分弱、大村湾、有明海、橘湾と三方を海に囲まれた諫早。酒を好んだ福澤が、蘭学修業のため長崎では禁酒を行っていた。しかし、奥平壱岐の策略で長崎を追い出され、この諫早で禁酒の念を解き、新たな世界に飛び出していった。

鉄屋と別れた永昌宿

福澤は、蘭学修業のため安政元（一八五四）年二月、満十九歳の時から長崎に留学していた。福澤は、やはり長崎に蘭学の勉強に来ていた中津藩家老の息子奥平壱岐の世話になっていたが、福澤の蘭学の上達があまりにも早いため妬みを受け、壱岐の奸計によって福澤は中津に帰ることになってしまった。ちょうど長崎に来ていた中津の商人 鉄《くろがね》屋《や》惣兵衛《そうべえ》が中津に帰るというので、福澤は鉄屋と共に長崎を発った。同二年二月、長崎に来てからちょうど一年のことである。以下『自伝』から引用する。

「鉄屋惣兵衛といっしょに長崎を出立して諫早まで――この間は七里《しちり》ある――来た。ちょうど夕方着いたが、なんでも三月の中旬、月の明るい晩であった。「さて鉄屋、おれは長崎を出るときは中津に帰るつもりであったが、これから中津に帰るは、いやになった。きさまの荷物といっしょに、おれのこのつづらもついでに持って帰ってくれ。おれはもう着替えが一、二枚あればたくさんだ。これから下ノ関に出て大阪へ行って、それから江戸に行くのだ」と言うと、惣兵衛殿はあきれてしまい、（中略）それから鉄屋に別れて、諫早《いさはや》から丸木船という船が天草の海を渡る。五百八十文出してその船に乗れればあしたの朝佐賀まで着くというので、その船に乗ったところが、波風なく朝佐賀に着いて、佐賀から歩いたが、案内もなければ何もなく真実一身で、道筋の村の名も知らず宿宿の順も知らずに、ただ東の方に向いて、小倉にはどう行くかと道を聞いて、「筑前を通り抜けて、たぶん太宰府の近所を通ったろうと思いますが、小倉には三日めに着いた」

さらに『自伝』の中の「書生の生活酒の悪癖」の項に、酒を飲みたくてたまらぬ福澤が、かねての宿願を達しての学問修業だからと、長崎では死んだ気で一年禁酒し、「長崎を去って諫早に来たとき、はじめてウント飲んだことがある」という一文がある。

『福澤諭吉傳　第一巻』(石河幹明著)には、諫早で福澤が立ち寄った酒屋の写真が掲載されている。キャプションには「諫早の舊藤瀬酒店」とあり、註に次のように書かれている。

「後年先生が諫早の人と昔話の序に、『昔私が諫早を通ったとき其近在の宇戸という所の藤瀬という酒屋で大に酒を飲んだことを覚えている』と話されたというが、其酒屋は竹下というて今に存している」

また、大正十二年『福澤諭吉傳』編纂事務所が開設され、昭和六年『福澤諭吉傳』が完成するまで一貫して編集に携わっていた富田正文氏が、当時慶應義塾大学文学部教授であった河北展生氏に語ったところによると、『福澤諭吉傳』編集当時、藤瀬直孝(昭和三年慶應義塾大学医学部卒)が医学部の学生にいて、その辺りで酒屋といったらうちしかないと言って、先の『福澤諭吉傳』の写真を提供したということである。河北氏が、昭和五十年頃、諫早を訪れ、土地の古老に『福澤諭吉傳』の旧藤瀬酒店の写真を示したところ、この建物は現在の天満町六にある竹下酒店であると指摘を受けた。

街道筋から判明した事実

平成二年八月九日、河北氏の案内で、諫早の酒屋の場所を訪れた。そこは表通りから一本奥に入った住宅街の一角で、駐車場になっていた。隣の家を訪ねたところ、その家が竹下家で、隣の土地はかつて造り酒屋を営んでいた建物があったが、この春に取り壊し、前日駐車場が完成したばかりだという。そして、今も少し離れたところで酒造業を営んでいるということであった。

そこで、疑問が起こった。なぜ、福澤はこのような裏道に面した酒屋に立ち寄ったのだろう、一体この場所は、諫早のどういうところに位置していたのだろうということである。早速、諫早郷土資料館を訪れ、諫早における街道を調べてみた。文久四(一八六四)年頃の「諫早家城下図」や、館員の古賀佐徳氏に現在の住宅地図を用いて説明していただいたことから思わぬことが判明した。

まず、長崎から小倉に向かうのに、最も代表的なものが、八脇街道の一つである長崎街道である(三六－三七頁参照)。しかし、長崎街道は広い意味での諫早を通過していたが、狭い意味での諫早城下を通過していなかった。長崎街道は、長崎から諫早城下西外れの永昌《えいしょう》宿を通って、大村、さらに小倉へと向かっている。諫早城下を通過しているのは、多良越《たらごえ》と呼ばれる諫早街道であった。諫早街道は、永昌宿追分で長崎街道と分かれて、諫早→湯江→多良→浜→小田を通って佐賀へ向かう道で、佐賀藩主が長崎往来に際して、大村藩領を通過するのを避けて利用した。そして、旧藤瀬酒店は、永昌宿と諫早城下の中間に位置し、諫早街道に面していたのである。

さらに、諫早から佐賀の厘外津《りんげ》へ有明海を渡って舟の便があった。このための港は諫早城下本明《ほんみょう》川に面した諫早津と呼ばれる場所であった。現在は本明川の水量も少なく、港の面影を残していないが、旭町六番地の倉屋敷川沿いに**「諫早津」の説明板**が立つ。ここは倉屋敷川が本明川に注ぐところで、ここに架かる橋は港橋、この橋より下手を唐津《からつ》と呼び、「仲沖番所跡」「旧地名　唐津」という碑や、平成三年六月に解散した漁協を記念した「諫早漁業協同組合之碑」が立つ。港橋より上手は光江《みつえ》と呼び、江戸時代には諸国屋（問屋兼旅籠）があり、今、稲荷社の傍らに「旧地名　光江」の碑が立つ。というように至るところで港の痕跡を見ることができる。

◉本明川を渡る飛び石

諫早での足跡

ここで福澤の諫早での足取りを推測してみる。福澤と鉄屋は長崎を朝出立、長崎街道を通って長崎街道と諫早街道の分岐点、永昌宿追分に夕方、到着する。追分は、現在永昌町二十二、三十七、四十一番地の交差点に当たり、**「旧長崎街道　永昌宿跡」の碑**が立ち、かつてはここに右側に「此方　大村道」、正面に「此方　諫早道　湯江道」、左側に「此方　長崎道」と刻まれた道標が立っていたが、今は郷土資料館に保存されている。

福澤は永昌宿、または永昌宿追分で、そのまま長崎街道を進む鉄屋と別れて、諫早街道を進み、本明川を飛び石で渡る。この飛び石は、昭和三十二年の諫早大水害で流失したが、昭和六十三年に復元され、今渡ることができる。こ

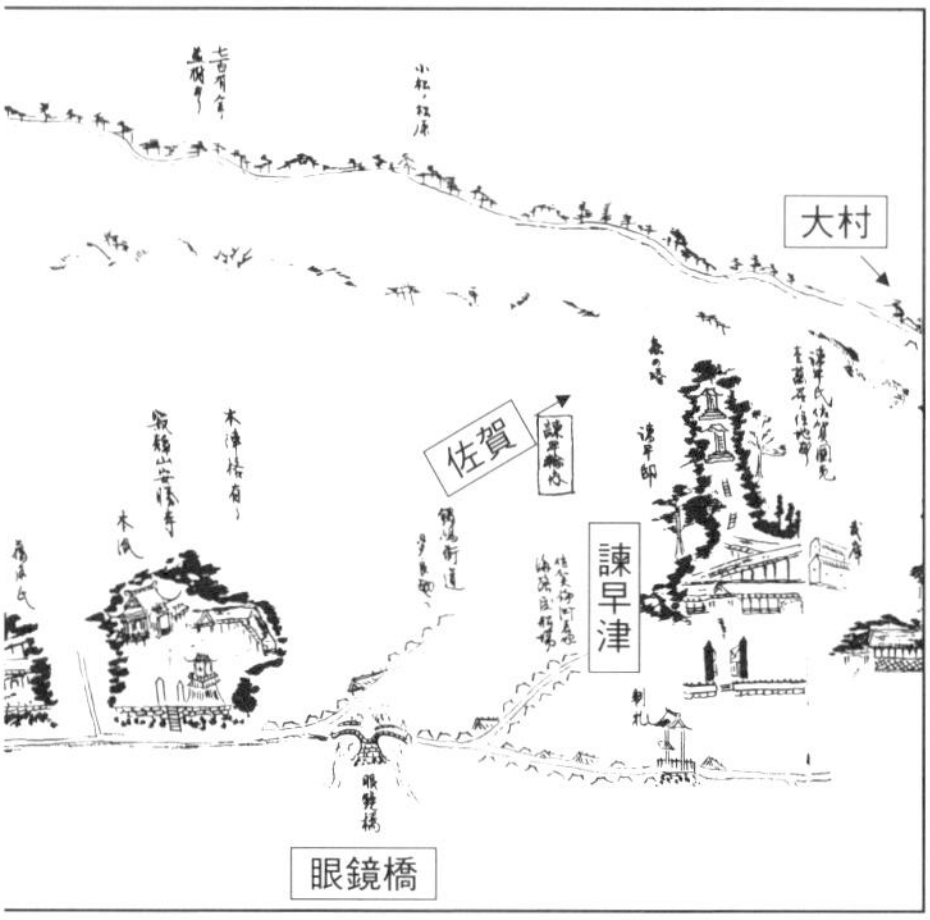

うして川を越えた宇戸にある藤瀬酒店に立ち寄る。ここで長崎での鬱憤を晴らすため、禁酒を解き、酒をうんと飲む（永昌宿追分から藤瀬酒店まで徒歩十分）。また、少し諫早街道を進み、眼鏡橋のたもとまで来る。ここで諫早街道と分かれて、本明川を再び**眼鏡橋**で渡り、諫早津に行く。

眼鏡橋は、度々の橋の流失を避けるため、天保十（一八三九）年に造られた石橋であり、当時諫早で本明川に架かる唯一の橋であった。しかし、諫早大水害の時、流失せずにかえって流れを堰《せ》き止め、町に大きな被害をもたらした。そのため、本明川の川幅を広げる際に撤去され、現在は諫早公園内に移設されている。そして、眼鏡橋の架かっていたところには、現在も眼鏡橋という名で、歩道のみの無味乾燥の鉄橋が架かっている。以上、あくまでも推測の域を出ないが、『自伝』の記述と幕末の諫早城下、街道筋から、このような結論になる。

平成三年八月八日、竹下酒店の当主・竹下十吾氏に次のような話を伺った。

ここは以前、藤瀬酒店であったが、大正十四年生まれの十吾氏が生まれた時は既に竹下酒店が買い取っていた。今の家は十吾氏が生まれた時に建てられたもので、店舗の部分は昨年取り壊し、駐車場にした。かつては天満町五、六番地の二ブロックが竹下酒店であり、裏の馬場家具店（現セレモニー長崎　諫早支部）のところには酒蔵が並んでいたが、死者五三九名を出した昭和三十二年の諫早水害で全て流失してしまった。以前、この地は街道に面し、前で繭市が開かれるなど諫早の一等地であった。

郷土資料館にある諫早大水害の写真を見ると、竹下酒店の裏に酒蔵と思われる二棟の長い蔵を見ることができる。また、現在駐車場の隣、竹下家と隣接するように長崎県酒造組合事務所が置かれている。

幼少の頃、母がいやがる福澤の頭を剃るのに、「酒を給《た》べ

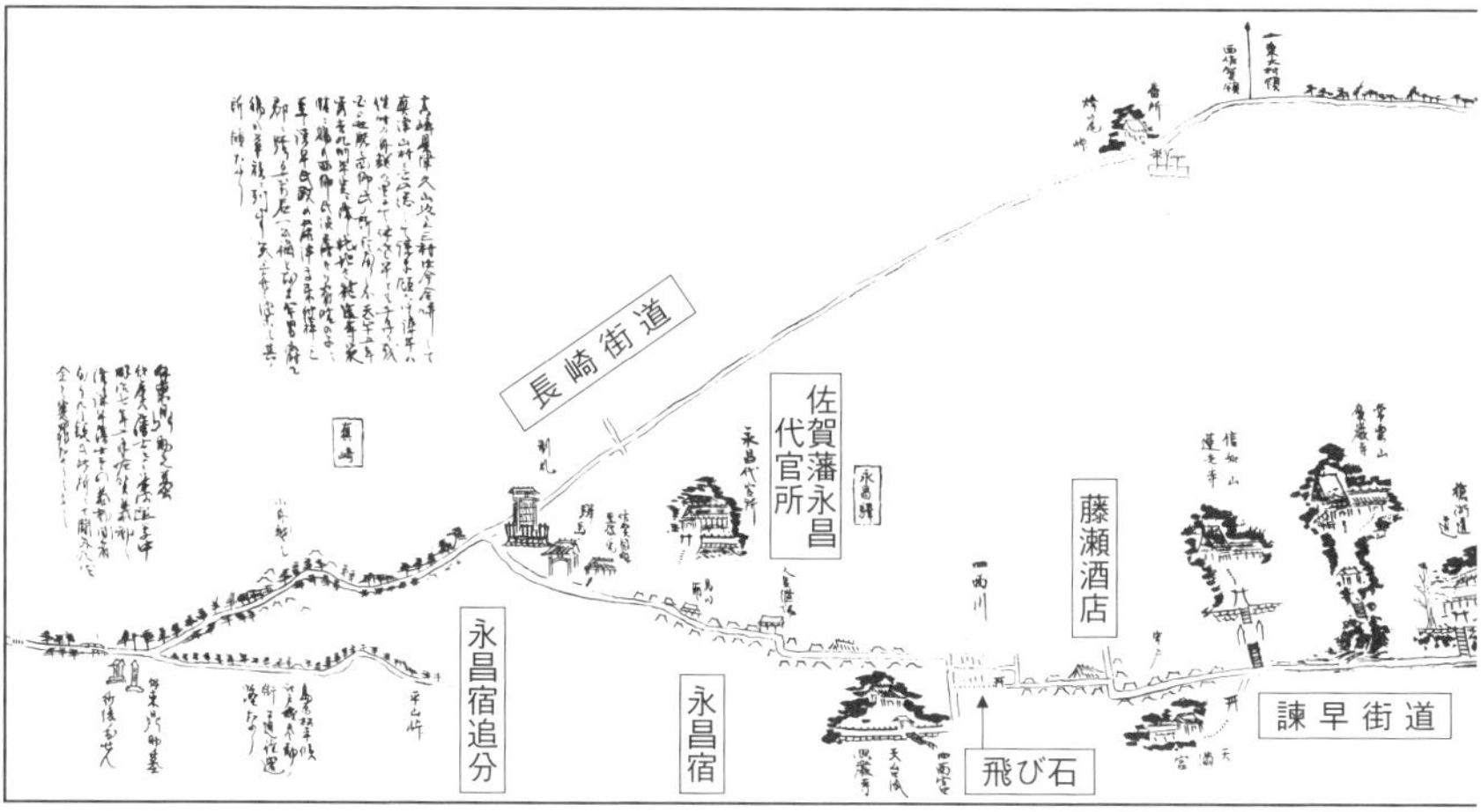

◉長崎嬉野街道絵図（明治維新前後）［県立長崎図書館所蔵］

させるからここをそらせろ」と言ったことから、適塾での鯨飲、禁酒しようとタバコを始めたが、禁酒はままならず、結局酒とタバコの両刀使いとなるなど、福澤曰く「赤面の悪癖」の大酒飲みであった。諫早での酒は、奥平壱岐への恨みから苦い味であったか、新しい世界への格別な味であったかは、全くの下戸である筆者には理解しがたいが、忘れられない出来事であったことは間違いないであろう。

［加藤三明］

◉永昌宿追分（長崎街道と諫早街道との分岐点）

column

福澤が着いた佐賀の港

諫早から有明海を北上して佐賀に行く舟は、佐賀の本庄に着いたということが諫早で判明した。佐賀県立博物館に諫早からの舟が着いた港がどこかを訪ねると、解らないという返事であった。そこで、有明海に注ぐ本庄江川沿いに港を意味する津の地名を探すと、西与賀町に、下流から相応津《そうおうつ》、今津、厘外津《りんげつ》という地名を見付けた。

早速、最も下流にある相応津の丸目を訪れると、本庄江橋のたもとに「江藤新平乗船の地丸目」の説明板があり、今も本庄江川に漁船の係留場が設けられている。集落を歩くと、漁労の神ということであろう、恵比寿神の古い石仏が多く見受けられる。一つ上流に架かる今津の御船小屋橋のたもと、野中蒲鉾店の前に佐賀藩の「船屋敷跡（お船小屋）」の説明板があり、御船稲荷神社もあった。蒲鉾店の主人の話によると、この川沿いに、今は三軒になってしまったが、かつては十軒の蒲鉾屋があり、海産物加工場、魚市場が並んでいたという。ということで、この辺りが諫早からの港であったと推測をつけ、満足して東京に戻った。

ところが、暫くして佐賀市教育委員会が運営する佐賀市地域文化財データベースサイト『さがの歴史・文化お宝帳』の『ノコギリ型家並み』に「長瀬町の道しるべに南をさして〝いさはやとかいば〟と刻まれている。国道二〇七号線を越えて本庄町をそれて南西に進むと、海路を利用して諫早へ渡る渡海場の厘外津で」という記述が、『海の長崎街道』に「厘外津荷下ろしと番所跡→厘外渡し場→厘外瓦焼き味志屋敷跡→今津渡船場跡→鍋島藩「お船小屋」跡→相応津船溜り跡→海路諫早へ」という記述があった。

◉現在の厘外津

このことから、諫早からの舟の港は厘外津であったことが判明し、再び佐賀を訪ねた。まず、長瀬町の長崎街道に立つ「ながさきへ、こくらみち」「いさはやとかいば」と刻まれた道しるべに行く。この道しるべは、元あった場所から八メートルほど東に建てられているので、元あった場所から国道二〇七号を横断し、水路すなわち本庄江川の左側を歩いて行くと、一キロ弱で国道二〇八号の末広橋詰に、さらに一五〇メートルほどで水門のある下田寿橋、さらに二〇〇メートル行くと、建設業者坂田組（佐賀市末広二－十三－七）がある。この対岸に常夜灯が見えるが、ここが厘外津の跡で、今は舟が遡れるとは思えない川幅しかないが、ここが諫早への舟の発着場であった。

［加藤三明］

適塾と緒方洪庵

大阪

地下鉄御堂筋線淀屋橋駅からほど近い適塾は、福澤諭吉誕生地からも充分歩ける距離にある。適塾の近くには二〇〇八年に建てられた大阪慶應義塾の碑がある。また淀屋橋駅のすぐ近くには大阪大学のもう一つの源流ともなった学問所、懐徳堂跡の碑もある。

適塾へ入門する

安政二(一八五五)年二月、長崎で蘭学を修めていた福澤は、福澤のオランダ語の上達を妬んだ奥平壱岐の奸計によって、長崎を追い出される。そこで福澤は中津には戻らず、さらなる蘭学修業を求めて江戸を目指す。その途上、丁度、大阪の中津藩蔵屋敷勤務になっていた兄三之助を訪ねると、三之助は「大阪でも先生はありそうなものじゃ、大阪で蘭学を学ぶがよい」と助言をし、同年三月九日緒方《おがた》洪庵《こうあん》が主宰する適塾《てきじゅく》に入門することになった。

緒方洪庵は、文化七(一八一〇)年、備中足守《あしもり》藩の下士の三男として足守植之町で生まれた。現在、岡山県岡山市足守の県指定史跡**緒方洪庵生誕地跡**には、**洪庵緒方先生碑**、**産湯の井**、そして生誕一八〇周年記念として平成二年に建てられた**緒方洪庵先生之像**がある。昭和二年に建てられた洪庵緒方先生碑の下には、洪庵の臍《へそ》の緒、元服の遺髪が埋められているという。

文政八(一八二五)年、父の大阪蔵屋敷転勤に伴って上阪。体が弱く、武士に適さないと感じた洪庵は、万人を救済する道としての医を志し、蘭方医中天游《なかてんゆう》の思々斎塾《ししさいじゅく》の門に入った。さらに江戸で坪井信道、宇田川玄真に師事、長崎留学を経た後、天保九(一八三八)年春、大阪の瓦町(現瓦町四丁目)で医業を開業するとともに、蘭学塾「適塾」を開く。

開業の二年後、天保十一年の大阪の医者の番付で、早くも前頭四枚目になっているように、彼の名声は広がり、塾生も多数となったため、弘化二(一八四五)年十二月、過書《かしょ》町(現中央区北浜三丁目)の商家を購入し、移転した。この時の建物が現存し、**旧緒方洪庵住宅(適塾)**として重要文化財に指定され、大阪大学が管理している。

過書とは、公認の通行証のことで、淀川水系において特権的な営業権を認められた船のことを過書船と言った。つまり過書船の着く浜が過書町の名の由来となっている。過書町の適塾脇、現愛珠幼稚園のところにはオランダ貿易に必要であった銅を管理する銅座があり、東の道修《どしょう》町には中国やオランダから輸入される薬を取り扱う薬種商が集まっていた。続く北浜には金相場会所や長崎俵物会所もあって、米問屋、両替商、米仲買も多く、大阪経済の中心地の体をなしていた。現在、適塾周辺は、製薬会社が多いことを特徴としたオフィス街になっており、適塾はビルに囲まれて大阪で現存する最も古い建物としてその姿を今に伝えている。

大阪適塾

適塾は、昭和十七年に国に寄贈され、昭和五十一年に五年を掛けた解体修理を行い、できる限り当初の状態に復元された。そして、同五十五年五月に一般公開が開始された。さらに適塾周辺史跡公園化事業として、適塾の隣接地を景観上、防災上から買収し、昭和五十六年七月東側隣接地が公園となった。昭和六十一年三月には西側隣接地が公園(公開空地)となり、ここに平成九年二月十九日、大阪北浜船場ライオンズクラブから読書に耽る**緒方洪庵の坐像**(緒方惟之題字)が寄贈された。

●緒方洪庵の坐像

この適塾の建物は、銅座、長崎俵物会所、淀屋橋などを焼き払った寛政四(一七九二)年の大火後に、商家として建てられたと推定されており、間口約一二メートル、奥行約三九メートルの敷地に建ち、通り側の店部分は二階建て、奥の住居部分は平屋建ての典型的な商家の造りである(口絵参照)。

正面の入り口をくぐると、土間があり、その左手に式台のある玄関の間がある。その奥に、現在一つは受付になっている六畳の間が二つある。この二間は、教室として使用されていた。適塾では、まず文法の本を二冊学び、その後、原書の会読《かいどく》に参加する。塾生は学力によって八、九級に分かれており、級別に会読が月六回行われていた。

「会読ということは、生徒が十人なら十人、十五人なら十五人に、会頭《かいとう》がひとりあって、その会読するのを聞いていて、出来不出来によって白玉をつけたり黒玉をつけたりするという趣向」(『自伝』)

会頭は、塾長、塾監、一等生が行い、会読での成績優秀者が進級する仕組みであった。

教室の裏には中庭があり、その奥は、家族部屋、客座敷、書斎などがある洪庵の私宅部分になっていた。『自伝』に、洪庵夫人が「福澤さん福澤さん」と呼ぶのを下女が呼んでいると勘違いし、真っ裸で階子段《はしごだん》を飛び降りていった福澤の大失策が記されているが、どの階段なのかと想像すると実に楽しい。

二階の通り側には、三十二畳の塾生大部屋と十畳の小部屋がある(大正四年道路拡張のため、正面が一・三メートルに軒切りされ、現在はそれぞれ二十八畳、八畳になっている)。塾生大部屋は、

「塾中畳一枚を一席とし、其内《そのうち》に机・夜具其他《そのほか》の諸道具を置き、此《これ》に起臥することにて頗《すこぶる》窮屈なり。就中《なかんずく》或《あるい》は往来筋となり、又《また》は壁に面したる席に居れば、夜間人に踏み起こされ、昼間燭《とも》を点して読書するなどの困難あり。然《しか》るに毎月末、席換へとて輪講の席順に従ひ、上位の者より好み好みに席を取ることゆえ、一点にても勝を占めたる者は次の人を追退けて其《その》席を占むることを得るなり」(長与専斎著『松香私志』)

ということで、一人畳一畳があてがわれ、右も左も塾生で埋まり、虱《しらみ》まで同居、その喧噪は想像するに難くない。部屋の中央には、多数の刀傷のついた柱があるが、新しい時代を模索する若者たちのエネルギーの痕跡であろうか。

小川清介自伝『老いのくり言』に、四十畳の大部屋、自然窟という四級以下の塾生の十畳の部屋、三級以上の塾生の清所という十畳の部屋があったと記してある。清所は一人が使用できる畳数が多く清潔な方であったが、他は拭き掃除が朔日《ついたち》のみで、不潔極まりなかったという。しかし、現在は大部屋の隣に、かつて十畳であった小部屋が一つあるだけである。

現在小部屋には、適塾の入門帳にあたる「姓名録」(複製)が展示されており、福澤の署名のあるページが開かれている。そこには「同年(安政二年)三月九日入門　中津藩　福澤諭吉」と記されているが、これは張り紙に書かれており、その下には「同年三月九日入門　豊前中津　中村術平倅　中村諭吉」と書かれている。安政三(一八五六)年九月の兄の死によって、叔父中村家の養子になっていた福澤が、福澤

家を相続することになったために起こった事柄である。

緒方洪庵先生

塾生大部屋の奥にはヅーフ辞書が置かれていた六畳のヅーフ部屋がある。ヅーフ辞書とは出島のオランダ商館長ヅーフがフランソワ・ハルマの蘭仏辞書を元に作成した手書きの蘭和辞書である。当時は極めて貴重で適塾にも一部しかなく、『自伝』にあるように、会読の前の晩は、ヅーフ部屋に「五人も十人も群をなして、無言で字引を引きつつ勉強している」という状況であった。今はヅーフ部屋の中央にショーケースが置かれ、ヅーフ辞書が展示されている。しかし、このヅーフ辞書は塾生遠州藩岡村義理の子、義昌の所持本で、適塾に備えられていたものではない。適塾に備えられていたヅーフ辞書は、洪庵が江戸に発つ際の混雑の折、紛失してしまったという。ヅーフ部屋の位置につい

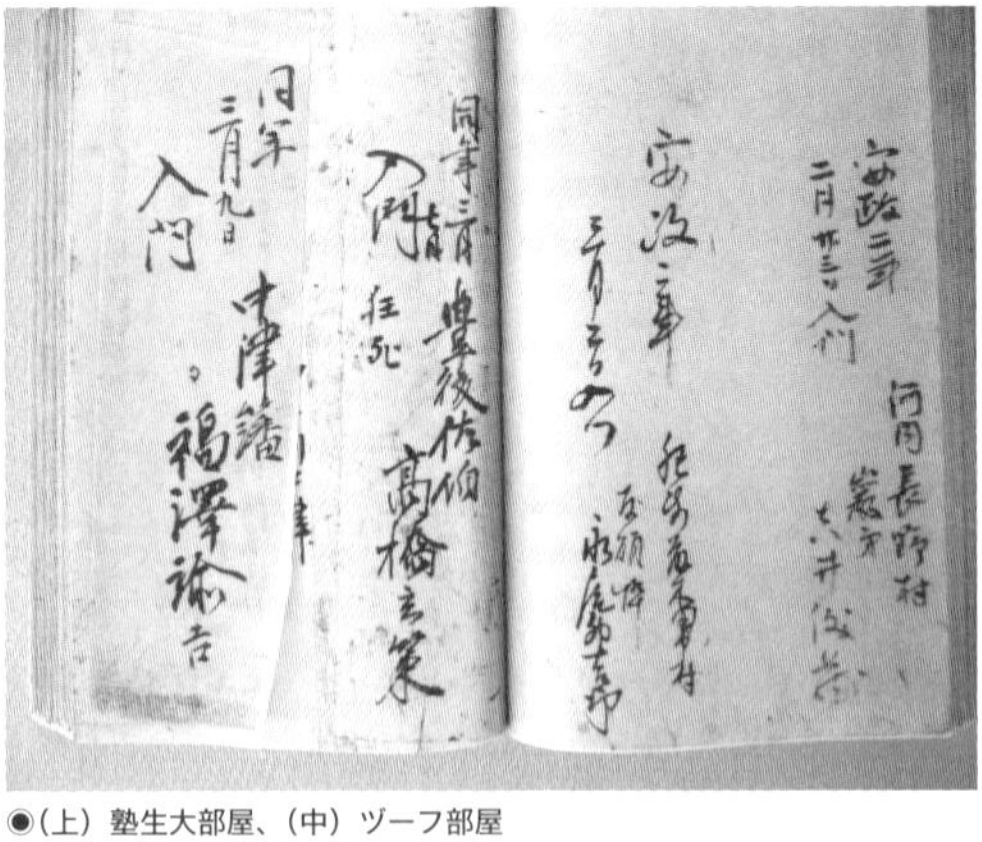

◉(上) 塾生大部屋、(中) ヅーフ部屋
(下) 適塾入門帳 (複製)

ては、その隣が女中部屋であったこと、しかも塾生大部屋と行き来ができなかったという説もあり、疑問を投げかける向きもある。

『自伝』に夏の夕方に福澤はじめ塾生が物干しで酒を飲んだ件《くだり》があるが、女中部屋の奥の階段を上ると物干しに出る。適塾を見学していると、福澤と経験をともにしたような気がして、感無量となる。福澤関係の史跡の中で最も当時の様子をうかがい知ることができる。

◉除痘館跡の碑

福澤は、安政四（一八五七）年に塾長となった。最上級の塾生になると、洪庵の講義を聞くことになるが、福澤はそれについて次のように記している。

「その緻密なること、その放胆なること、実に蘭学界の一大家、名実ともにたがわぬ大人物であると感心したことは毎度のことで、講義終り、塾に帰って、朋友相《あい》互《たがい》に「きょうの先生のあの卓説はどうだい。なんだかわれわれは頓《とみ》に無学無識になったようだ」などと話したのはいまに覚えています」（『自伝』）

福澤は安政五（一八五八）年十月、江戸の中津藩邸で蘭学を教えるため、適塾を離れる。

一方、洪庵は、適塾の一区画裏、緒方ビルに彼の肖像を浮き彫りにした**除痘館跡の碑**があるように種痘接種にも尽力し、その名声は日に日に増していった。ついに文久二（一八六二）年八月、幕府のたっての頼みで、西洋医学所頭取および奥医師を務めるため、江戸に向かったが、翌年六月十二日御徒町の西洋医学所頭取屋敷にて突然の大喀血で急死。福澤も危篤の知らせを受け取り、新銭座から駆けづめで向かったが、既にこと切れてしまった後であった。洪庵五十四歳であった。

洪庵の墓は、遺骨を埋葬した江戸駒込高林寺と遺髪を埋葬した大阪**龍海寺**にある。龍海寺は、大阪地下鉄（谷町線、

◉緒方洪庵と妻八重の墓（龍海寺）

堺筋線）南森町駅またはＪＲ東西線大阪天満宮駅から徒歩八分のところにあり、**「洪庵緒方先生之墓」「洪庵先生夫人億川氏墓」**が仲良く並んでいる。

　福澤がチフスに罹った時、自分の子を治療するのに迷うのと同様、診察はするけれど処方はしないという心遣い、福澤家の家督相続後に学資のない福澤を適塾の食客生に迎えたこと、卓越した学識、平易な文章を書けという教え、自由を尊ぶ気風など、福澤が洪庵から受けた恩、影響は計り知れないものがある。まさに洪庵なくして福澤諭吉はあり得なかったであろう。『自伝』では、適塾での生活を「大阪修業」「緒方の塾風」と二章にわたって記し、しかも『自伝』全体の六分の一も費やしている。俗事を離れ、目的なしの学問のための学問として蘭学を志す同志が集まり、自由な雰囲気の中で寝食を共にする生活は、福澤にとってまさに素晴らしい青春の一ページであったろう。福澤は「福澤全集緒言」にて次のように述べている。

　「先生の平生、温厚篤実、客に接するにも門生を率いるにも諄々として応対倦《うと》まず、誠に類《たぐ》い稀《ま》れなる高徳の君子なり」

　福澤にとって洪庵は父に代わる人、夫人八重《やえ》については、福澤自ら「おっ母さんのようにしている大恩人」と語っている。八重は文政五（一八二二）年、摂津有馬郡名塩で蘭学医億川百記の娘として生まれる。十七歳で洪庵と結婚、七男六女をもうけ、福澤に限らず適塾の塾生から慈母のように慕われた。西宮市名塩の八重の生家・蘭学医**億川百記屋敷跡**（現ＪＡ兵庫六甲）には、「蘭学の泉　ここに湧き出ず」と記された**緒方八重の像**がある。

　適塾周辺の地図は本文一二頁を参照されたい。

［加藤三明］

III

蘭学塾開校

築地鉄砲洲

慶應義塾発祥の地記念碑

築地鉄砲洲には中津藩中屋敷があり、福澤はここで蘭学塾を開塾する。明治元年、この一帯が居留地に制定され、多くのミッションスクールがここで生まれた。聖路加国際病院の前には、タイムドーム明石（中央区郷土天文館）があり、居留地の資料を含めて中央区の歴史と文化の展示を行っている。

蘭学教授として江戸へ赴く

ペリー来航によって、鎖国体制の下で平和をむさぼっていた日本の時勢は大きく変わることになった。それは諸外国との関係を考慮しなければならないこと、そして国防への関心の高まりである。そのためには外国語の習得が必須となるが、それは西洋国家として唯一国交が開けていたオランダの言語の学習、即ち蘭学を学ぶことになる。

そこで中津藩江戸屋敷でも、佐久間象山について砲術を学んだり、松木弘安《まつきこうあん》や杉亨二《こうじ》を招いて蘭学教授を行ったりしていた。そのうち適塾でめきめきと頭角を現し、塾長を務めていた福澤の評判が伝わったのだろう。蘭学教授のために他国の者を雇うことはない、藩中にある福澤を呼べということになって、安政五（一八五八）年、福澤に江戸出府の命令が下ったのである。

「そのときはちょうど十月下旬で少々寒かったが小春の時節、一日も川止めなどいう災難に会わず、滞《とどこお》りなく江戸に着いて、まず木挽町《こびきちょう》汐留の奥平屋敷に行ったところが、鉄砲洲《てっぽうず》に中屋敷がある、そこの長屋を貸すというので、さっそく岡本（周吉）とわたしとその長屋に住みこんで、（中略）さてわたしが江戸に参って鉄砲洲の奥平中屋敷に住まっているといううちに、藩中の子弟が三人五人ずつ学びに来るようになり、またほかから五、六人も来る者ができたので、その子弟に教授していたが、」（『自伝』）

このように中津藩中屋敷の長屋で「蘭学所」あるいは「福澤塾」と呼ばれた小家塾が開設され、これを慶應義塾の起源としている。『自伝』では福澤の江戸着任を「十月下旬」としているが、福澤書簡として最も古い安政五年十一月二十二日付のものに、「小生義も十月中旬着府仕」と記されている。後年回顧を口述した『自伝』より、僅か一カ月後に書かれた手紙の方が信憑性が高いと考えられる。

築地鉄砲洲の奥平大膳大夫《だいぜんだゆう》の中屋敷は、現在の中央区明石町九、聖路加国際病院の敷地と明石町十二、中央区保健所等複合施設の敷地を合わせたほぼ正方形の土地から、北東隅の榊原徳太郎の屋敷二〇六二坪を除いた鍵型の四一六二坪余の敷地であった。屋敷の南側は築地川東支川（合引川、現在はあかつき公園）に、東側は鉄砲洲川に面していた。ちなみに鉄砲洲の地名の由来は、寛永年間、幕府鉄炮方による大筒試射が行われたからという説と、洲の形が鉄砲に似ていたことからという説がある。

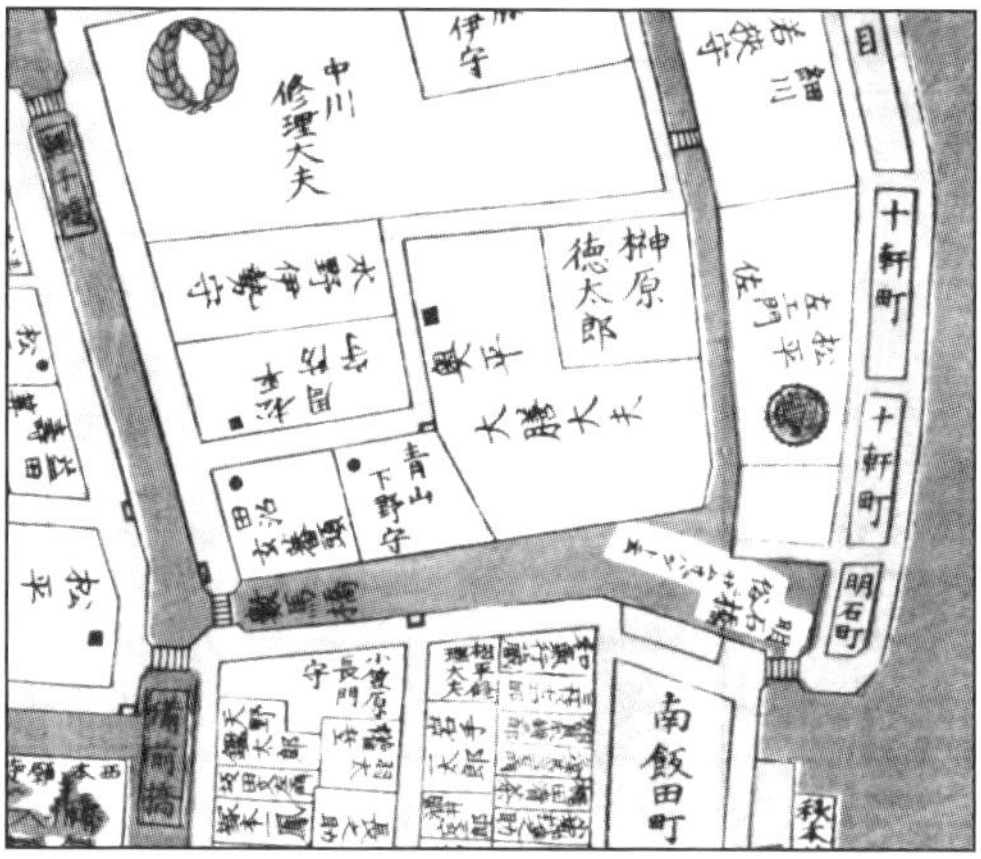

◉築地鉄砲洲付近［「京橋南築地鉄炮洲絵図」文久元年〈部分〉より］

記念碑建設までの道のり

そして現在、聖路加国際病院南西角の交差点の三角地帯に**慶應義塾発祥の地記念碑**（以後「記念碑」と記す）がある。この「記念碑」建設までは、実に長い経緯がある。まず、明治二十七年、福澤がこの地に洋学発祥の地として蘭化堂設立を計画したことに始まる。蘭化堂は、先人洋学者の功績を讃え、洋学に関する文庫も設置する予定だったという。次いで、記念碑建設計画の始めは、昭和九年の「福澤先生生誕百年祭」記念事業として計画され、設計・施工を清水組に依頼したが、着工までは至らなかった。計画の第二回は、昭和十二年、当時新進気鋭の谷口吉郎氏に設計を依頼、昭和十五年春には、黒い切石の台座の上に銀色の洋書を開き、その上に金色の鵞ペンを置くという案までまとまっていたところ、谷口氏の渡欧、戦争激化と、この計画も中止せざるを得なかった。しかし、谷口氏の心中では、記念碑建設の情熱は冷めることなく、慶應義塾の創立百年を記念して、昭和三十三年四月二十三日に現在の碑が完成した。「記念碑」は、黒御影の最も良質な福島県産鍋石を用いて真っ黒

◉慶應義塾発祥の地記念碑

な四角い台石が据えられ、その上に小豆色の書籍型の小さい石(スウェーデン産花崗岩)が置かれ、開いたページに「天は人の上に人を造らず　人の下に人を造らず」と刻まれている。

谷口氏の碑に対する情熱を語るのに、、次の一文を紹介したい。

「『学徒動員』によって、多くの大学生が戦線に向う姿を見るにつけ、また碑の設計者である私自身の生命も明日を期し得ないのを思う時、ますます建碑に対する情熱が自分の体の中にもえあがってくるのを禁じ得なかった。

『碑』とはそんなものであろう。過去の人がたてた碑の多くも、そうであったにちがいない。人の命のあわれさ、時の流れのはかなさ、それに抗して、人の悲しみや喜びを固い石にかたく刻みつけようとする造形心。それが碑の本心であるのでなかろうか。

そう思うと、私は戦地に向う慶応大学の学生たちの内で、心ある人と共に、空襲の焼け跡から焼け石を拾ってきて、近代日本の先覚者福沢諭吉が開いた学塾の跡に、小さくてもいいから一つの塚を築いておきたい気になった。その碑の姿は見すぼらしいものかもしれないが、『学問のすすめ』に啓発され、それにもかかわらず戦線に消え去っていく学徒の手によって、その塚が築かれるなら、その碑こそ築かれる人にも、また築く者にとっても、心のこもった記念となるだろうと、そんなせっぱつまった設計案さえ、私は考えたことがあった」(「除幕式に参列して」『三田評論』昭和三十三年七月号)

「記念碑」の右奥に、同じく谷口吉郎氏設計の**蘭学事始の地記念碑**が設置されている。中津藩中屋敷に住んでいた中津藩医の前野良沢は、杉田玄白、中川淳庵等とオランダの解剖書『ターヘル・アナトミア』の翻訳に取り組み、安永三（一七七四）年八月『解体新書』の完成をみた。これが西洋学術書の本格的な翻訳の始めで、これを記念して昭和三十四年三月五日、日本医史学会、日本医学会、日本医師会によって碑が建立された。昭和五十七年二月三日、中央区の道路計画の整備に伴い、「慶應義塾発祥の地」と「蘭学事始の地」の二つの記念碑が「日本近代文化事始の地」として現在の地に整備された。

芝新銭座へ移転

福澤は、万延元（一八六〇）年の咸臨丸による渡米後、幕府外国方翻訳御用に着任するが、この頃、鉄砲洲から芝新《しばしん》銭座《せんざ》に転居する。この新銭座の場所は、位置を含め詳しいことは不明である（五六ページ参照）。

福澤の渡欧中の文久二（一八六二）年閏八月二十二日、参勤交代の制度が改革された。これまで大名は一年在府、一年在国であったが、これを大大名は三年に一年、その他は三年に一度百日在府と大幅に緩和され、同時に妻子の国元居住も許可された。こうして中津藩でも、江戸に従来のような大人数の家臣を常勤させる必要がなくなり、文久三（一八六三）年七月十日には中津藩主やその家族も帰国するなどして、藩邸に空き長屋が生じた。そして再び、福澤は鉄砲洲の中屋敷に移転した。移転時期は、

「福澤の恩師緒方洪庵の病死した文久三年六月十日には、福澤は新銭座におり、ここから緒方家に駆けつけた

◉聖路加看護大学敷地内に残るアメリカ公使館跡の石標。上から「星条旗」「星」「白頭鷲」

といい、福澤の長男一太郎は同年十月十二日に鉄砲洲の中津藩奥平家の中屋敷で生れているから、鉄砲洲への移転はこの間に行われたわけである」(『慶應義塾百年史』)とあり、さらに藩主が帰国した七月以降ではないかと推測している。この時借用した長屋は、五軒続きの一棟。長屋の奥二軒分が福澤の居宅で、残りの三軒分が塾舎に当てられ、塾の部屋が一〇畳か一二畳のものが二室と、小部屋が五つ六つあり、他に板敷の食堂があったというから、以前の鉄砲洲の長屋が下六畳、上一五畳、新銭座の借家が上下合わせて二〇畳ほどであったから広さの上ではそれまでと格段の差があった。そして、小川駒橘《こまきつ》の記憶による当時の屋敷の平面図が『慶應義塾百年史』に掲載されている。

居留地時代の史跡

しかし、慶応三(一八六七)年十一月、江戸開市実施のため、鉄砲洲一帯が外国人居留地として上地が決定し、翌三月までに中津藩中屋敷も立ち退きしなければならなくなった。そして、明治元年十一月、正式に築地居留地が設置された。しかし外国人商人たちが横浜から移動せず、外国公館、学校、病院、教会があったに過ぎなかった。横浜と違って今に居留地の異国情緒を残してはいないが、鉄砲洲一帯に居

●築地鉄砲洲一帯に残る各学校の発祥の地記念碑。(右から上、下の順に)暁星学園、雙葉学園、女子学院、立教学院、青山学院、明治学院、女子聖学院、東京中学院(関東学院)

留地時代の史跡がひっそりと残っている。

　聖路加ガーデンの地には**アメリカ公使館跡**があり、少し離れた聖路加看護大学の敷地内には星条旗、星、白頭鷲の図柄の石標が残る(四九頁写真)。日本古来の拇印《ぼいん》や古代土器に残っている指紋を端緒として、指紋の科学的研究を行ったヘンリー・フォールズ宅跡には**指紋研究発祥の地記念碑**。東京運上所跡には、横浜裁判所との間に電信業務を開始したことを記念して**電信創業の地記念碑**。明石小学校とリハポート明石にはガス灯。**立教学院、女子学院、女子聖学院、明治学院、雙葉学園、青山学院、暁星学園、東京中学院(関東学院)それぞれの発祥の地記念碑**がある。

　蘭学発祥の地で、福澤が初めて洋学塾を開き、その後、外国人居留地に指定され、多くのミッション系私立学校発祥の地になったことも不思議な縁だと思う。

[加藤三明]

◉築地鉄砲洲周辺

横浜への道

英学発心

東京から横浜へ向かう旧東海道は、現在、品川宿近辺などに旧道の名残を残すものの、多くが第一京浜（国道一五号）沿いを歩くことになる。車両の往来が激しいので注意して歩きたい。横浜開港場にほど近い山下公園は関東大震災の復興事業として昭和五年に造られた。

開港直後の横浜へ

安政六（一八五九）年、日米修好通商条約が結ばれ、長い間鎖国をしていた日本は外国との付き合いを始めることになった。そこで箱館、神奈川（横浜）、長崎の港を開いた。

『自伝』の「英学発心」の項を読むと、福澤はこれまで死に物狂いで勉強してきたオランダ語の力試しに、開港直後の横浜を訪れたことが記されている。ところが、オランダ語が通じないばかりか、看板の言葉さえよく分からない。世界の状況からこの言葉は英語に違いないとして、福澤は英語の勉強を始めるのである。この時、福澤は夜中の十二時に、塾を開いていた築地鉄砲洲の中津藩中屋敷を出発し、横浜見物を済ませて、次の晩の十二時に戻って来たという。

この故事にちなんで、慶應義塾幼稚舎では昭和六十三年度から毎年「歩く会」の部員と六年生の有志で、築地の**慶應義塾発祥の地記念碑**（四七頁参照）から福澤の歩いたと思われる旧東海道、横浜道を歩いて、開港広場、山下公園まで行く催しを「築地～横浜36キロチャリティーウォーク」として実施している。今回はこの道筋を紹介していこう。

出発は、福澤が当時蘭学塾を開いていた中津藩中屋敷跡すなわち慶應義塾発祥の地記念碑となる。銀座へ足を進め、四丁目の交差点を左折して東海道に入るとすぐ、松坂屋デパート前に、一橋大学の前身である**商法講習所の記念碑**が立つ（九七頁参照）。福澤は、森有礼、箕作《みつくり》秋坪《しゅうへい》とともに開設の発起人に名を連ね、「商法講習所設立趣意書」を起草している。

そのまま第一京浜国道（国道一五号）を行き、**高輪大木戸跡**を過ぎると、右手奥に見える赤門が、最初のイギリス公使館となった**東禅寺**である。文久元（一八六一）年、水戸浪士による東禅寺襲撃事件が発生したが、幕府外国方に出仕していた先生は当事件に関した外交文書六点を訳している。

品川駅前を過ぎ、八ツ山橋の踏切を渡って右斜め前の片側一車線の道に入ると、品川宿が始まる。やがて旧東海道は鈴ヶ森で第一京浜と合流する。その地点が**鈴ヶ森《すずがもり》刑場跡**で、火あぶりや磔の台石、慰霊碑が今も残っている。享保五(一七二〇)年に書かれた『諸国旅雀』にも「夜みちつつしむべき所也」とあり、十二時に築地を出た福澤は午前三時頃、不気味であったろうこの場所を通過したことになる。

梅屋敷で昼食

旧東海道は大森本町二丁目交番から九〇〇メートルの間、第一京浜から左手に分かれ、美原通りと称される道を行く。再び第一京浜に合流し京急梅屋敷駅に差しかかる。かつてはここに梅屋敷と呼ばれる茶屋があり、今は聖蹟蒲田梅屋敷公園として小規模ながら梅の名所を伝えている。この公園で36キロウォークの参加者は昼食をとるのであるが、驚くことに福澤も梅屋敷で昼食をとったという記事が明治二十二年一月三十一日の「時事新報」に掲載されている。内容は、二十九日令嬢三名と共に午前十時頃、三田を出発し神奈川に遠足、その途中「蒲田の梅林にて中食」というものである。


現在は六郷橋を渡って神奈川県に入る。やっと道半ばである。六郷橋は元禄四(一六九一)年に流失してから、明治七年まで架けられることがなかったので、福澤は渡し舟で多摩川を越えたことになり、多摩川で明け方を迎えたことであろう。

六郷橋を渡って、右斜め前の細い道筋が旧東海道に当たり、川崎宿に入る。川崎駅を右手に見て足を進め、京急八丁畷《はっちょうなわて》駅前の踏切を渡り、市場一里塚から程なく鶴見川橋にさしかかる。鶴見川橋を渡ったところに**鶴見橋関門旧跡の碑**が立つ。文久二(一八六二)年八月の生麦事件発生後、外国人に危害を加えることを防ぐため、東海道筋で外国人遊歩区域になっている川崎宿から保土ヶ谷宿の間に二十カ所の関門番所が設けられた。そのうちの第五関門がここにあったのである。

京急鶴見駅の左側を通過し、第一京浜を斜めに横切って生麦魚河岸通りに入る。キリンビールの工場を過ぎると、道は第一京浜と合流する。そして、合流地点の左側に、外国人殺傷事件の中で最も有名な**生麦事件の碑**がある(平成二十四年十月現在、道路工事のため生麦魚河岸通り手前一〇〇メートル右側に移設中)。碑の撰文は、福澤と東京学士会院や明六社で親交のあった中村正直による。実際の事件発生現場は碑の手前約七〇〇メートルのところに当たり、**「生麦事件発生現場」の説明板**がある。

●東海道五十三次　神奈川　台之景（安藤広重画）［慶應義塾蔵］

第一京浜の単調な道を進み、神奈川新町駅を過ぎる辺りから神奈川宿が始まっていた。片側三～四車線の広い道で宿場の面影は全くない。本来、条約では神奈川を開港することになっていたが、幕府は往来が頻繁で日本人と外国人が接触する機会が多い東海道筋を避けるため、神奈川の一部だと主張して現在の関内（横浜村）に港町を造成した経緯がある。

やがて左側に神奈川公園が現れる。このまま第一京浜を行くと、すぐ横浜駅東口に出るが、当時現横浜駅がある地は袖ヶ浦と呼ばれる湾であったため、これからの道筋は横浜駅を巻いていくように進む。ということで旧東海道は神奈川公園から右斜め前の片側一車線の道筋、宮前商店街に入り、洲崎明神前に至る。ここはかつて宮之下河岸と呼ばれ、船着き場があり、横浜開港後は神奈川と横浜を結ぶ渡船場となっていた。青木橋を通過、第一京浜を横断して、片側一車線の道筋を上っていくと**神奈川台関門跡、袖ヶ浦見晴所の碑**がある。ここにも関門番所があった。ここからの景色は、広重が「東海道五十三次神奈川宿」で描いている。神奈川台から下って軽井沢という地名のところを過ぎ、浅間下の交差点に出る。

ここで東海道と分かれ、横浜道に入っていく。開港以前、横浜村に行くには保土ヶ谷宿まで行って大きく迂回する道しかなかった。故に外国外交団が横浜を僻地と見做し、横浜開港に難色を示していた。そこで幕府は東海道との連絡路として横浜道を新設した。

横浜道は浅間下から平沼橋に進み、東海道線を渡り切った所を、右斜め前の平沼商店街に入っていく。ここは慶應義塾出身でスポーツ界に大きな功績を残し、昭和二十六年から三十四年まで横浜市長を務めた平沼亮三の祖父、父が二代に亘って築き上げた平沼新田に当たる。

英学転向の地、横浜

敷島橋を渡って、戸部通りに入ると、道は戸部坂の上り勾配となる。左手、紅葉が丘と呼ばれる高台、県立青少年センター前に**神奈川奉行所跡の碑**が立つ。戸部一丁目の交差点で道幅の広い横浜駅根岸道路に合流し、開港場への便宜を図るために造成された野毛切通しを越える。

横浜道は野毛交差点を左折し、横浜駅根岸道路と分かれて野毛本通りに入り、やがて関内駅前に出る。現在は高速道路を跨いでいる吉田橋を渡り、かつての開港場に入る。吉田橋を渡ったところに**吉田橋関門跡の碑**が立つが、周りを水路で囲んで隔離された開港場に入るには、当初この吉田橋を渡るしかなかったため、非常に重要な関門であった。故にこれより内側、すなわち開港場を関内と呼んだことから、今もその名が伝えられている。

横浜開港場は、現在の日本大通り（明治二十二年に火除地として完成）を境に手前が日本人居住区、先の現山下町が外国人居留地になっていた。その日本大通りが海に接した大桟橋の付け根が開港広場となっており、**日米和親条約調印記念碑**がある。36キロウォークでは、ここを終点として記念写真をとり、山下公園まで行って海を眺めて解散としている。

『自伝』では、居留地をブラブラ歩くうちにドイツ人のキニッフルという商人の店で、やっとオランダ語が筆談で通じたことを記している。「福澤手帖（56）」「独逸商館キニッフルの考証」によると、Kniffler & Co. は居留地五四番地、すなわち現山下町五四番地にあったことが分かる。今ここは明治十六年に建設され、現存する横浜市内最古の煉瓦造建物として平成十三年二月に神奈川県重要文化財に指定された「旧居留地四十八番館」がある。開港広場より僅かに三〇〇メートルほどのところである。

36キロウォークは、当初幼稚舎生十数名の参加であったが、近年は一〇〇名を超える生徒が参加している。約十一時間の長い道のりで、泣く者、足を引きずる者もいて、みんなゴールした時は限界に近い状態だが、棄権した幼稚舎生はこれまで一人もいない。しかし、これでも福澤の歩いた道の半分で、しかも寝ずの二十四時間である。開港場横浜をこの目で見たい、自分のオランダ語を試してみたい、という人一倍強い好奇心が横浜行きを実現したのであろうが、帰り道は、オランダ語が通用しないことに落胆し、さぞ足取りが重かったことであろう。しかし、翌日には英学への転向を決意というところが、福澤の性格を如実に表している。いずれにしろ、この英学発心の故事は、二十四歳という年齢で、気力、体力共に漲《みなぎ》っている意気盛んな福澤の姿を浮かび上がらせてくれる。

［加藤三明］

新銭座慶應義塾

芝新銭座。今は耳にしない地名であるが、浜松町駅から徒歩五分ほどのところである。福澤の塾がここに移転し、中津藩から独立して慶應義塾と命名。上野戦争のとき、砲声が轟く中、授業を続けたという故事もここでのことである。

鉄砲洲から新銭座へ

江戸幕府直轄の金貨、銀貨の鋳造・発行所をそれぞれ金座、銀座と呼んでいた。寛永十三（一六三六）年幕府は、近江坂本と江戸の芝に寛永通宝鋳造のための銭座を設置した。それ故に、芝の銭座があった土地を新銭座と呼ぶようになったのである。

『芝區史』には、

「新銭座町は旧宇田川町の東にあり、今の浜松町一丁目と汐留とに跨ってあった。江戸時代の俗間に於ては新銭座町とは唱えず、専《もっぱ》ら芝新銭座とのみ呼んで浜松町附近まで之を汎稱《はんしょう》していた」

とあり、芝新銭座は現浜松町一丁目の北の部分に当たる。

万延元（一八六〇）年、福澤は咸臨丸《かんりんまる》による渡米から帰国すると、築地鉄砲洲の中津藩中屋敷の長屋を引き払って、芝新銭座の借家に移転した。移転した時期も場所も詳細は不明であるが、咸臨丸の総責任者木村摂津守喜毅《よしたけ》の『福澤先生を憶ふ』に、

「余が新銭座の宅と先生の塾とは咫尺《しせき》（距離が近い）にして、先生毎日の如く出入せられ何事も打ち明け談ずるうち、毎《つね》に幕政の敗退を嘆じける。間もなく先生は幕府外国方翻訳御用を命ぜられる」

とある。幕府に出仕したのが、万延元年十一月中旬と考えられるから、その少し前の移転と推測できる。移転の理由として、結婚、幕府出仕などが推測できるが、福澤が新銭座の地を選んだのは、福澤が終生慕うことになる木村摂津守が住んでいたためではなかろうか。文久二（一八六二）年の『御府内往還其外沿革図書』の現浜松町一丁目二番地の一角に「木村摂津守」の名が見える。

文久三（一八六三）年夏に、福澤は、再び中津藩中屋敷に

移転している。新銭座の借家が上下合わせて二〇畳程だったが、今回は五軒続きの長屋一棟を使用することができた。

しかし、

「いままでわたしの住んでいた鉄砲洲の奥平の屋敷は、外国人の居留地になるので幕府から上地を命ぜられ、すでに居留地になればわたしもそこにいられなくなる。ソコで慶応三年十二月の押し詰めに新銭座の有馬という大名の中屋敷を買い受けて」(『自伝』)

とあるように、福澤は木村摂津守の用人大橋栄次の周旋で、新たに芝新銭座の有馬家の屋敷を三五五両で買い取ることになった。そのための費用受け渡しが慶応三(一八六七)年十二月二十五日であったが、当日は新銭座からそれほど遠くない薩摩藩上屋敷の焼打ち事件があるなど、江戸は維新騒乱の真っ最中であった。本来なら土地・家屋の売買どころではない時勢であったが、福澤は約束は約束だからと、当初取り決めた額で支払いを済ませてしまった。

今回の新銭座の土地は四〇〇坪、長屋一棟と土蔵が一つあるだけで、住居や塾舎は中津藩中屋敷のものを払い下げてもらうことになった。こうして慶応四(一八六八)年二月には福澤の住居、続いて官軍が江戸城を接収した四月には、一〇〇人の塾生を収容できる塾舎の完成を見たのである。

六月二十一日の木村摂津守の日記に、

「夕刻ヨリ福澤招集、一酌喫鮮、塾寮其他新営、頗宏壮」

とあり、新築が一段落し、塾で一夕の宴が催されたのであろう。

『自伝』には、「有馬家中屋敷」と記してあったが、これが長らく不明であったところ、慶應義塾大学名誉教授河北展生氏が『内閣文庫所蔵史料叢刊　諸向地面取調書』の越前丸岡藩有馬家の項に、「借地　芝新銭座　百九拾坪」とあり、「御殿番之頭今井右左橘拝領屋敷百五拾坪　小普請峰屋兵橘拝領屋敷四拾坪借地」と付記してあるのを発見した。先述の『御府内往還其外沿革図書』に「今井右之橘」「峰屋平次郎」の名が見えるところが、それであろう。

新銭座慶應義塾の地を推定

浜松町一丁目十三番地、平成七年に廃校となった神明小学校跡地に、平成二十年四月港区住宅公社による「シティハイツ神明」がオープンし、その一角に**福沢・近藤両翁学塾跡の碑**がある。新銭座の慶應義塾の土地は、明治四年、慶應義塾が三田に移転すると、近藤真琴《まこと》が開いた攻玉社に、文運発展のためという配慮から土地家屋共に格別な廉価(三百円)で売り渡された。

福沢・近藤両翁学塾跡の地は、既に大正七年四月に東京

◉福沢・近藤両翁学塾跡

府史蹟として指定され、攻玉社校門前にその標示があったが、関東大震災で消滅してしまった。現在の碑は、昭和三十九年六月二十七日に建てられたもので、碑の裏面に「慶應義塾・攻玉社」とあるが、前年に創立百周年を迎えた攻玉社の提案により完成したようである（現在も東京都指定文化財旧跡となっている）。

　現在攻玉社に「芝區新銭座町十・十一番地境界測量図」（大正九年）が保管されている。この測量図にかかれている芝新銭座十番地・十一番地一号が、明治十三年以前の攻玉社の敷地である。

　しかし、『近藤真琴伝』に、

「真琴は明治十年三月に、本黌《ほんこう》の東方に隣接する新銭座五番地（筆者註　改正後十番地）の土地と家屋を買入れてここに移住し」

とあるように、十番地は慶應義塾跡ではない。

　そこで十一番地一号について検討してみよう。『自伝』には四〇〇坪と記されているが、この測量図には間数が記入されており、計算するとこの土地は四八九坪となる。また、福澤の藤野善蔵宛書簡（明治三年五月七日）に「蒸気車出来のよしにして、立退如何と心配いたし居候処、江川の住居、道の中心に当り、義塾地面の東七、八間の処まで故障なし」とある。測量図によると鉄道敷設境界線より十一番地境界線まで十一・八間となっている。さらに『慶應義塾之記』に載っている「新銭座塾舎平面図」と十一番地一号の形状とが酷似している。以上のような理由から、新銭座十一番地一号を慶應義塾跡と推測して間違いなかろう。

　先述したように有馬の屋敷が今井、峰屋の一九〇坪ということであった。そして新銭座十一番地一号は、『御府内往還其外沿革図書』の今井、峰屋、石原、里見の四軒に当たり、その四軒合計の面積は約四〇〇坪となる。これまでの事実

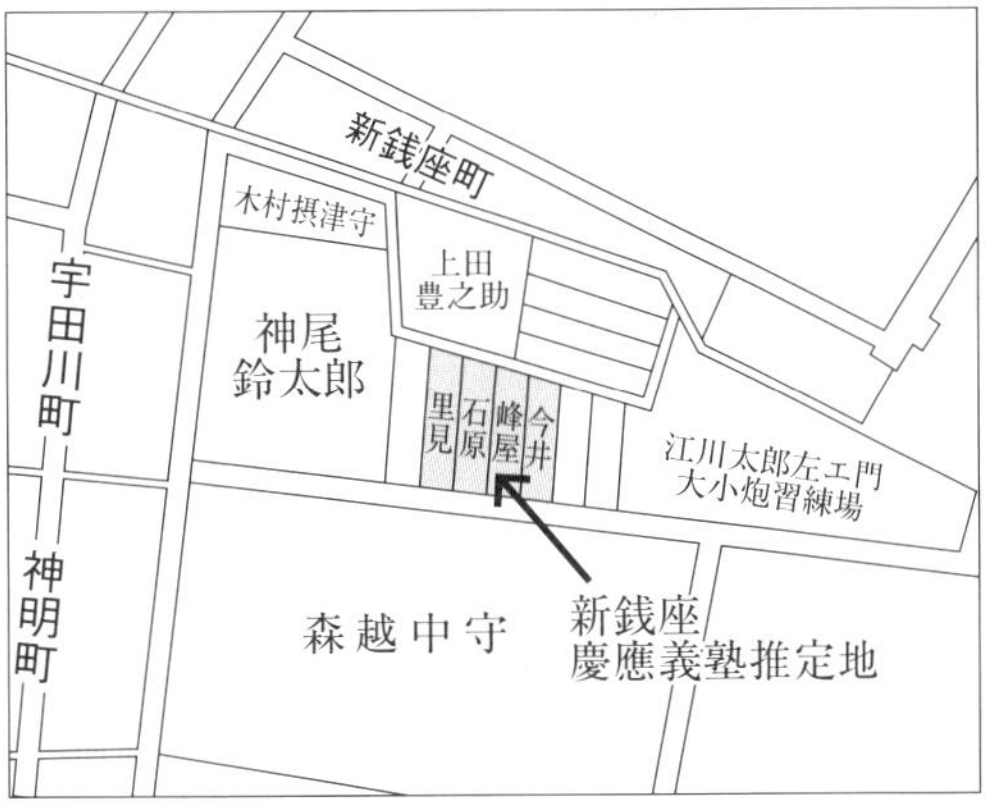

◉文久２年の芝新銭座（御府内往還其外沿革図書より）

から鑑みると、福澤は有馬の屋敷と西側にある石原、里見の土地を購入したと推測できる。この土地は、ほぼ現在の浜松町一丁目六番地十六・十五号、七番地三号と考えられる。

攻玉社

ちなみに攻玉社についてもう少し述べてみる。近藤真琴は、六石十三人扶持の下士の家柄で、江戸鳥羽藩上屋敷で生まれた。四歳で父を失うが、漢学から蘭学と修業を積み、文久三年に四谷坂町の同藩中屋敷内に蘭学塾、攻玉塾を開く。新銭座に移転後も、明治十三年南接する一二五〇坪（神明町二十五番地）を購入し拡大したが、関東大震災の被災を契機に、大正十四年西五反田に移転し、現在も攻玉社中学校、高等学校が設置されている。攻玉社は、戦前、海軍兵学校入学志願者を養成し、海軍発達に貢献した多数の英才を送り出した。明治七年の東京の私塾生徒数では、慶應義塾が五三六人で一位、二位が攻玉社の三五一人となっている。

塾の独立宣言「慶應義塾之記」

福澤の塾は、新銭座移転によって塾舎の規模が拡大し、土地建物を塾の共有として、ついに財政的に中津藩から独立した。そして、この機に学塾が、主義主張にとらわれない当時の年号をとった「慶應義塾」と命名された。塾の独立宣言書というべき「慶應義塾之記」も発表され、その書き出しは次のようなものである。

「今爰《ここ》に会社を立て義塾を創《はじ》め、同志諸子相共に講究切磋《せっさ》し、以《もっ》て洋学に従事するや、事本《もと》と私《わたくし》にあらず、広

く之《これ》を世に公にし、士民を問わず苟《いやしく》も志あるものをして
来学せしめんを欲するなり」

学塾は、西洋の共立学校（パブリックスクール）を範として組織を一新し、教授法や諸規則も整備され、授業料の制度を我が国で初めて導入し、近代的な私学として形態が整った。

上野彰義隊の戦いのあった慶応四（一八六八）年五月十五日、砲声が江戸市中に響き渡る中、福澤は悠然とウェーランドの経済書の講義を行っていたという故事も、この新銭座の塾でのことである。このことを『自伝』で、

「世の中にいかなる騒動があっても変乱があっても、いまだかつて洋学の命脈を絶やしたことはないぞよ。慶応義塾は一日も休業したことはない。この塾のあらんかぎり大日本は世界の文明国である」

と記しているように、新銭座の塾での数々の施策は、慶應義塾の根幹をなす塾風の濫觴《らんしょう》であると言える。

［加藤三明］

◉浜松町周辺

芝公園周辺

明治六年の太政官布達によって、上野、浅草、深川、飛鳥山と共に芝の五カ所が、日本で最初の公園として指定された。園内には、ホテル、学校、図書館などの施設が点在するほか、グラウンドやテニスコートなどの運動施設もある。園内にある丸山古墳は、都内最大級の前方後円墳で、東京都指定史跡になっている。

芝公園・松原

芝公園は増上寺を中心とした緑地帯（都立公園）であり、明治六年の太政官布達によって、上野、浅草、深川、飛鳥山と共に芝の五カ所が、日本で最初の公園として指定され、以後の公園造成のさきがけとなった。もともとは増上寺境内の敷地を公園としていた。しかし戦後の政教分離により、増上寺の敷地とは独立して宗教色のない都立公園として新たに遊具や運動施設などが設けられ、整備された。そのため、現在の公園の敷地は増上寺をドーナツ形に取り囲むような形状になっている。そのうち、増上寺三門前、慶應義塾大学薬学部キャンパスの周辺は「松原」と呼ばれていた。それは、寛永十七（一六四〇）年増上寺二十世大僧正南誉上人の時、幕命によって三門の左右に松を植えたことに始まるとも、青山家藩士の植樹で百年松原と称したことによるとも伝えられている。江戸切絵図でも、増上寺の東、緑に塗られた部分に「松原」の文字が見られ、明治二十年秋初演の守田座古河新水作の「三府五港写幻燈《さんぷごこううつすげんとう》」には、「芝公園松原の場」と呼ばれる場面がある。松はその後の災変によって焼失、あるいは枯死し、主たる景観は楠《くすのき》に変わった。

万延元年遣米使節記念碑

増上寺三門から大門へ抜ける道と日比谷通りの角、「10号地」と呼ばれる緑地に、**万延元年遣米使節記念碑**が建つ。

万延元（一八六〇）年、日米修好通商条約の批准書交換を行うため、新見豊前守正興《まさおき》を正使とする遣米使節団を乗せた米国軍艦ポーハタン号が、アメリカに向けて出帆した（一一八頁参照）。その護衛艦として同行した咸臨丸に、提督木村摂津守喜毅《よしたけ》の従僕として福澤が乗船していた。この

時福澤は、数えで二十七歳、初の海外渡航であった。碑文に曰く、

「西暦一八六〇年二月九日(万延元年正月十八日)新見豊前守正興一行は日米修好通商条約批准書交換の使命をおびて江戸竹芝より米艦ポーハタンに搭乗、初の使節として米国に赴いた。

副使村垣淡路守範正の詠にいう、

竹芝の浦波遠くこぎ出でて

世に珍しき舟出なりけり

遣米使節渡航より百周年にあたり、日米両国民の友好親善の基礎を築いたその壮途をここに記念するものである。

一九六〇年六月　日米修好通商百年記念行事運営会」(原文は算用数字にて表記)

遣米使節記念碑の真向かいに、**ペルリ提督の像**がある。日本開国百年に当たる昭和二十九年に、ペリーの出身地で、日本遠征の際の出発地でもあったロードアイランド州

◉万延元年遣米使節記念碑

◉ペルリ提督の像

ニューポート市から親善のために東京都に贈られたものである。福澤が中津から長崎へと蘭学修業したきっかけは、ペリーの来航による砲術熱の高まりであった。

伝染病研究所発祥の地碑

明治二十五年十一月、福澤が北里柴三郎のために設立した我が国最初の伝染病研究所があった場所に建つ記念碑。福澤が所有していた土地を無償で提供し、研究資材は森村市左衛門らの寄付によるものであった。

明治の中期を過ぎても、一向に公衆衛生水準は上がらず、まして開国により、国外からコレラ、赤痢などの伝染病がたびたび持ち込まれて、国内に大流行を引き起こしていた。この事態をドイツ留学から帰国した北里は大いに憂い、政府に対して伝染病予防対策を早急にとるように進言したが、予算の工面、議会の説得など遅々として進まなかった。こうした北里の窮状を見た長与《ながよ》専斎《せんさい》から福澤を紹介されたのである。福澤は早速北里に面談し、北里の強い熱意に感動し、北里に研究の場を無償で提供することを即決し、大日本私立衛生会附属伝染病研究所の設立を見たのであった。福澤は続いて北里に対して結核を治療するための療養所の設立を勧めた。そして明治二十六年九月、白金三光町にある福澤個人の土地を提供して福澤自らが命名した、日本で初めての結核療養所「土筆《つくし》ケ岡《がおか》養生園」を建てた。この跡地に現在は北里研究所付属病院が建っている。

伝染病研究所は、明治二十七年に内務省用地を借り受け新しい建物が完成し移転した。さらに明治三十二年、伝染病研究所は当時の内務省所管となり、ようやく国家事業としての伝染病予防体制がとられるようになった。この日本最初の医学研究施設は、北里自身によるペスト菌の発見、

◉伝染病研究所発祥の地碑

志賀潔による赤痢菌の発見、野口英世の輩出など、国内の伝染病撲滅に多大の貢献をしたばかりか、世界的に見ても多くの学術的功績を残した。大正三年には、文部省に移管されることとなり、これに異を唱える北里ら職員は大挙して職を辞し、同日私立北里研究所を設立することとなった。伝染病研究所は東京大学医科学研究所と名を変え、現在港区白金台にある。

明治二十五年に福澤が北里に提供した土地には現在パナソニック株式会社の東京支社があり、その社屋の傍ら、都営地下鉄御成門駅Ａ３出口の脇に**伝染病研究所発祥の地碑**がある。平成十四年十一月に伝染病研究所創立百周年を記念して、東京大学元総長有馬朗人の揮毫により、その後身ともいえる東京大学医科学研究所と北里研究所が共同で建てたものである。

高級サロン「紅葉館」

現在東京タワーが建っている山は、その昔紅葉山と呼ばれた。これは徳川二代将軍秀忠が、江戸城内の楓山から多数の楓樹の根を分けて移し植えたことから起こった地名で、金地院前の坂を「紅葉坂」、渓流から流れる滝を「紅葉の瀧」と呼んだ。紅葉館は、明治十四年、その紅葉山に開業した純和風の高級サロンであった。開業当初は、一人一〇円出資の三百名限定の会員制で、ほんの一握りの上流階級に属する者しか会員の資格を認められず、有名人でもなかなか入れなかったという。明治二十五年以降、一般人も使用できるようになったが、入口には「雑輩入るべからず」と書かれた看板があり、また門には制服姿の守衛が警備して入館者を厳重に管理した。

◉紅葉館（明治 40 年頃）

建物は昭和二十年三月十日の東京大空襲で焼失し、その後、四六一〇坪という広大な敷地が日本電波塔株式会社に売却され、昭和三十三年十二月二十三日、この場所に「東京タワー」が完成した。

明治二十四年六月二十三日、大槻文彦の著した国語辞典『言海』の出版記念祝賀会が紅葉館で開かれることになった。福澤は祝辞として「大槻磐水《ばんすい》先生の誡語その子孫を輝かす」を贈ったが、式次第で伊藤博文の祝辞の次に福澤のスピーチがあるのを知り、

「一身の栄辱《えいじょく》にあらず、唯《ただ》斯文の為《た》めにするのみ。学問教育の社会と政治社会とは全く別のものなり。学問に縁なき政治家と学事に伍《ご》を成す、既に間違なり。況《いわ》んや学者にして政治家に尾《び》するが如《ごと》き、老生抔《など》の思寄らぬ所に御《ご》座《ざ》候《そうろう》」（六月二十一日付 富田鉄之助宛 福澤書簡）

として列席を断った。

明治二十九年十一月一日、紅葉館で慶應義塾出身の古老たちの懐旧会が催され、福澤も出席して一場の演説をした。その結びの一文を基に後に書幅としたのが、「気品の泉源智徳の模範」で有名な「慶應義塾の目的」と呼ばれるものとなった。

［大澤輝嘉］

◉芝公園周辺

『福翁自伝』の中の江戸

福澤は、築地鉄砲洲あるいは芝新銭座で塾を開きながら、蘭学者との交流、英語の習得、幕府に出仕など江戸中で様々な活動を行っており、師緒方洪庵危篤の報にも駆けつけている。『自伝』の中から、位置が特定できそうな場所を選び出して紹介した。「江戸切絵図」を手元に置けば、より楽しめる。

中津藩江戸屋敷

安政五（一八五八）年十月中旬、中津藩江戸屋敷にて蘭学を教授するため、大阪の適塾で塾長を務めていた福澤に江戸出府の命令が下った。

「滞りなく江戸に着いて、まず木挽《こびき》町汐留の奥平屋敷に行ったところが、鉄砲洲に中屋敷がある、そこの長屋を貸すというので、」（『自伝』）

と記されているが、木挽町汐留の奥平屋敷というのは、中津藩上屋敷のことである。幕府は中央集権の実をあげるため、藩主を一定の期間江戸に参勤させ、藩主の妻子の江戸居住を強制した。そのために、各藩は江戸に複数の屋敷を与えられていた。上屋敷は、藩主とその家族が居住し、江戸における藩の政治的機構が置かれたところである。中屋敷は隠居した藩主や嗣子の住居、また上屋敷が罹災した場合の予備邸宅として、下屋敷は江戸近郊に多く、火災時の避難地や休息用の別荘として利用された。『江戸切絵図』では、上屋敷は家紋入りで、中屋敷は■印、下屋敷は●印で表されている。大名の名前の向きが不定であるが、名前の上、印のある方に正門がある。

『江戸切絵図　京橋南築地鉄炮洲絵図』で奥平家の家紋である奥平団扇の付いた屋敷を探すと、その位置はカレッタ汐留から海岸通りを跨いだ銀座八丁目一四～一一に当たる。その一角にある銀座郵便局に、福澤とは関係がないが**検査業務開始の地**という碑がある。当地において明治九年六月十七日、工部省電信寮碍子試験場が発足して、電信用碍子の電気試験が行われ、これが近代的物品検査業務の始まりとなっている。

中津藩中屋敷は、**慶應義塾発祥の地記念碑**（四七頁参照）のある聖路加病院のところに当たり、下屋敷はホテルパシフィック東京の左脇の柘榴坂《ざくろ》を上り、突き当たった左側にあった。現在の高輪四丁目二、三、六、七番地に当たり、約九〇〇〇坪の敷地であった。昭和九年の『東京市芝区地籍図』には、この地が「奥平邸」と記されている。

小石川の森山多吉郎

翌六年六月二日横浜が開港し、早速当地を訪ねた福澤は、オランダ語が通用せず、英語習得を決心する。

「森山多吉郎という人が、江戸に来て幕府のご用を勤めている。その人が英語を知っているといううわさを聞き出したから、ソコで森山の家に行って習いましょうと、こう思って、その森山という人は小石川の水道町に住居していたから、さっそくその家に行って英語教授のことを頼み入る…」（『自伝』）

ということで、福澤は森山宅に築地鉄砲洲から通い始める。

森山は、文政三（一八二〇）年長崎のオランダ通詞の家に生まれ、嘉永元（一八四八）年利尻島に偽装漂着した米国青年マクドナルドが本国に送還されるまでの半年、長崎に逗留した機に、彼から英語を学んだ。嘉永三年『エゲレス語辞書和解』の編纂に参加、安政元（一八五四）年ペリーとの条約交渉に際して主任通訳官を務め、文久二（一八六二）年には福澤も参加した遣欧使節に加わった。

ハリスの『日本滞在記』には、

「会見の場へ上席通訳（森山）が列席した（略）。彼は外務事務相の役宅附の者で、いたって気持のよい態度と真の丁寧さをもった立派な通訳である」

と森山を評し、オールコックの『大君の都』では、

「ペリー提督が最初に到着して以来の外国代表との会見や通信内容については、日本政府がただちに選んで派遣することのできるどんな役人よりも、かれの方がよく知っていることはわたしにはわかっていたし、それとともにより聡明で、わたしの想像ではより信頼しうる人間であったからだ」

と森山を賞賛している。

安政年間、森山は公務多忙な傍ら、小石川金剛寺坂上の自宅に英語塾を開いており、この塾に寄宿していた福地源一郎は福澤逝去に当たって「日出《やまと》国新聞」に次のような弔詞を掲載している。

「余が君を識る、安政六年の春に在り。是より先、余は郷里長崎に於て名村桃渓先生に蘭語を学び、学半《なかば》にして江戸に来り、森山多吉郎先生の塾に入りて英書を修む。而して福澤君は夙《つと》に大坂に遊び、緒方洪庵翁の塾に入りて蘭書を修め、学成りて江戸に来り、奥平邸に寓し、英

語を中浜万次郎翁に学べり。当時江戸に在りて、英書を読むものは森山先生、英語を話すものは中浜翁の二人あるのみ。森山先生は小石川に住し、中浜翁は芝新銭座に居り、相距《へだた》る一里半餘、この遠路を意とせずして、余は隔日中浜翁に就て英語の会話を学び、福澤君も亦時々森山先生の許に来りて英書の読法を授かれり。時に余、年甫《はじめ》て十九、君は余より長する、五歳にてありき」

幕府の公文書などを編纂した『東京市史稿　市街篇第四十七』に次の記述がある。

小石川金剛寺坂上外国奉行調役格通弁御用頭取森山多吉郎永御預地坪数五拾坪余。惣躰がけ。
東　米津大膳御預地
西　大御番稲垣若狭守組新見内膳
南　奥火之番小田喜右衛門、一橋殿側用人成田藤次郎
北　外国奉行支配調役格通弁御用頭取森山多吉郎、表御台所人御制薬所出役荒川岩松
東　六間余。西　弐間三尺。
南　十三間。北　十間五尺
小石川金剛寺坂上赤子橋黒沢豊太郎様屋敷相対替、去子（元治元年）十二月願之通被仰付、右屋敷続永御預地五拾坪餘、多吉郎え被成御預替之…
慶応元丑年九月二十一日

ここから、福澤が通った頃の森山宅は『江戸切絵図　東都小石川絵図』の「黒沢豊太郎」の北側にあったと推察できる。現在の地番で言うと文京区春日二丁目二十の一辺りになろうか。

金剛寺は『御府内備考』によると、

「金剛寺坂は水道（神田上水）の東の方より伝通院前の方へゆく坂なり、金剛寺といへる禅林のたてるかたはらの坂なればかく呼べり、坂のすそは水道流れ、上はよほど高き地勢なれば…」

と記されており、今も「金剛寺坂」の標柱が立っている。

ちなみに森山の墓は、巣鴨五丁目の本妙寺にある。

護持院ガ原

福澤は森山宅に通う折に、護持院ガ原というところを通っていった。そのことを次のように記している。

「恐ろしい寂しい所で、追いはぎでも出そうな所だ。そこを小石川から帰り道に夜の十一時十二時ごろ通るときのこわさというものは、いまでもよく覚えている」（『自伝』）

護持院ガ原は、雉子橋から神田橋の北岸、現在の千代田区神田錦町一～三丁目の奇数番地と一ツ橋二丁目一・二番

地に当たる。

ここには、五代将軍綱吉が将軍継嗣の出生祈願のため、元禄元(一六八八)年僧隆光に創建させた護持院という真言宗の寺院があったが、享保二(一七一七)年に焼失。その後は江戸城の防火対策として、火除地《ひよけち》(一〜四番原)として空き地になっていた。森鷗外の小説「護持院ヶ原の仇討」は、弘化三(一八四六)年に二番原で起きた仇討ち事件を基にしたものであり、広く寂しいところであったため、実際多くの辻斬りや果し合いが行われた。現在は、**東京外国語学校発祥の地、学習院(華族学校)開校の地、東京大学発祥の地、日本野球発祥の地**として、それぞれの記念碑が立てられている。

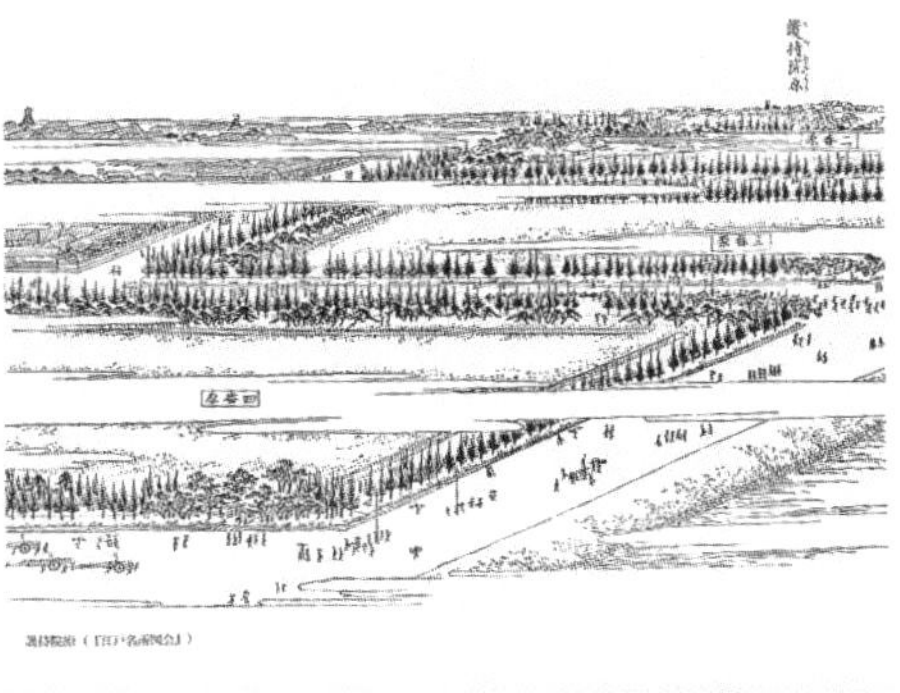
◉護持院ガ原［「江戸名所図絵」より］

それにしても、森山の公務多忙でなかなか御教授願えない中、福澤は築地から小石川まで片道約八キロ、徒歩にして二時間の道のりを、早朝、深夜と二〜三カ月も行っていたのだから、そのバイタリティに只々頭が下がる思いである。

九段下の蕃書調所

森山が多忙でなかなか教えを乞うことができない。そこで福澤は英語の独学を決心する。

「ところがそのときに九段下に蕃書調所《ばんしょしらべしょ》という幕府の洋学校がある、そこにはいろいろな字書があるということを聞き出したから、どうかしてその字書を借りたいものだ」(『自伝』)

ということで蕃書調所に入門するが、辞書を所内で見ることは可能だが、自宅に持ち帰ることは禁止されていたため、

「鉄砲洲から九段坂下まで毎日字引を引きに行くということはとてもまにあわぬ話だ。ソレもようやく入門したった一日行ったきりで断念」(『自伝』)

という結末になってしまった。

蕃書調所は、洋書の翻訳、洋学教育、洋書および翻訳書の検閲、翻訳書の印刷および出版を目的に、幕府によって安政三(一八五六)年十二月九段下の元竹本図書頭屋敷を校舎として設立された。当初は徳川家直参のみを対象としたが、安政五年五月二十日に陪臣すなわち当時の福澤のような諸藩の家臣の入門も認められた。

その後、万延元(一八六〇)年に小川町に、文久二(一八六二)年五月に洋書調所として護持院ガ原に移転。開成所、大学南校、開成学校、東京開成学校の名を経て、明治十年に、本郷に移転し、東京大学文・理学部となった。

福澤が入門した九段下の蕃書調所は、現在の千代田区九段南一丁目六番地、九段会館のところにあり、今、**蕃書調所の標柱**が立っている。

番町の大村益次郎宅

英語の独学を始めた福澤は、

「番町の村田蔵六(のちに大村益次郎)の所に行ってそのとおりに勧めたところが、これはどうしてもやらぬという考えで」(『自伝』)

とあるように、英学を共に学ばないかと勧めたところ、今更英学など学べるか、オランダ語で十分と頑なに拒絶されてしまう。

大村益次郎は、文政七(一八二四)年周防国(山口県)の医者の子として生まれ、弘化三(一八四六)年二十三歳の時、適塾に入門。嘉永二(一八四九)年塾長となり、翌年退塾している。福澤先生は安政二(一八五五)年二十三歳で適塾に入門するが、大村入門の九年後のことになる。退塾後、郷里に帰り医業を営んだが不振、西洋兵学を研究、嘉永六(一八五三)年宇和島藩に出仕する。

安政三(一八五六)年、宇和島藩主伊達宗城に従って江戸に出府、間もなく藩主の許可を得て、麹町新道壱番町に私塾「鳩居堂」を開いた。維新後は兵部省における初代の大輔《たいふ》を務め、日本陸軍の創始者と見なされていることは周知の通りである。

『江戸切絵図　東都番町大絵図』の「新道一番丁」筋に「村田蔵六」の名が見える。今の三番町二の一部で、千鳥ヶ淵戦没者墓苑の西、内堀通り沿いに当たる。

福澤が大村に英学習得を勧めた翌万延元年、大村は長州藩に帰藩し、横浜のヘボンに師事して英語を学んでいる。彼は、それまで蕃所調所教授手伝方という職にあり、英語の必要性は感じていたはずである。福澤の勧めを断ったのは、『自伝』に記されているように英語習得を不必要と感じていたわけではなく、別の理由があったと考えられる。

現在、**大村益次郎銅像**が靖国神社に建てられている。これは明治二年、国事で殉じた者の霊を国において永く祭祀を行おうと、鳥羽伏見の戦いから箱館戦争の戦没者を祀った招魂社（明治十二年に靖国神社と改称）を、大村が中心となって九段上に設立したことによる。銅像は我が国で最も古い西洋式銅像として明治二十六年に完成し、陣羽織に双眼鏡を手にした姿は、上野彰義隊の戦争を江戸城本丸から指揮している姿であると言われている。

◉大村益次郎銅像（靖国神社）

築地の桂川甫周宅

「江戸に桂川という幕府の蘭家の侍医がある。その家は日本国中蘭学医の総本山とでも名をつけてよろしい名家であるから、江戸はさておき日本国中蘭学社会の人で桂川という名前を知らない者はない。ソレゆえわたしなども江戸に来れば何はさておき桂川の家には訪問するので、たびたびその家に出入している」（『自伝』）

桂川家は初代甫筑《ほちく》が六代将軍家宣《いえのぶ》の奥医師となってから、蘭方の外科をもって代々奥医師を務めた蘭学界最高の名家であった。福澤の時代は、七代目の甫周国興《ほしゅうくにおき》の時であった。

甫周国興の娘、今泉みねが昭和十年八十歳の時に口述した『名ごりの夢』に、福澤などがよく家に来て遊び相手になってくれて、

「福澤さんのお背中が一番広くておんぶ心地がよいなどと申したものです。それから牡丹の花の咲いたお庭で、大岩をまん中にして、戦ごっこをしましたが、福澤さんは、私をおんぶのまま二足か三足で身軽にその岩をとび越えられたり、また割合いお近くだったおうちへ私をおつれになって、お机の引出しからあちらのおみやを出して下すってまたおんぶで送っていただいたことなど、

ハッキリと記憶しています」

などの記述がある。

「私の生れました桂川の邸は築地の中通りにありました。ここは御門跡さまのそばで、朝晩に鐘の音が聞こえておりました。福澤さんはその中通りのうちへよくゆききなさいました」

桂川家は初代より、築地中通りに三〇〇坪ほどの屋敷を拝領していた。『江戸切絵図　京橋南築地鉄炮洲絵図』において、西本願寺御門跡の北西に「桂川甫周」の名が見える。ここは現在の築地一丁目十番、三菱東京UFJ銀行築地支店の所になり、**桂川甫周屋敷跡の説明板**が立っている。中津藩中屋敷から六〇〇メートルほどの距離である。

桂川家が元治元（一八六四）年に築地飯田町に転居して、中津藩中屋敷とは目と鼻の先になり、福澤も文久三（一八六三）年秋から慶応四（一八六八）年四月までは中津藩中屋敷にいたにもかかわらず、多忙のためか桂川家にはあまり出入りしていなかったようである。『名ごりの夢』に次のように記されていて、やや寂しい心持ちにしてくれる。

「そのころからは福澤さんはいろいろの本が出て、興に乗じたようになってどんどん売れましたので、福澤さんはにわかにおかねもちになり、お忙しくもなって、なかなか父のところにもおいでにならなくなりました」

甫周国興の夫人、久迩《くに》は咸臨丸の最高責任者木村摂津守喜毅《よしたけ》の姉に当たる。咸臨丸渡米の話を聞きつけた福澤が、甫周国興に摂津守の従者として、万延元（一八六〇）年のアメリカ行きを懇願し、許可されたわけである。

江戸城本丸御殿

咸臨丸での渡米帰国後、万延元年十一月中旬に福澤は幕府外国方翻訳御用を命ぜられる。

江戸城本丸は、安政六（一八五九）年十月十七日の火災で焼失し、万延元年十一月八日に本丸再建工事が落成し、九日将軍家茂が西の丸から本丸に移り、外国方も西の丸の仮役所から本丸に移転したというから、福澤は再建されたばかりの本丸御殿へ通勤したのではないか。

本丸御殿（面積一万一千坪）は、謁見や儀式を行う大広間や役人が詰めて政務を行う座敷がある「表」と、将軍が起居し政務を行う「中奥」と、御台所を中心に将軍の子女が生活する「大奥」に分かれている。

都立中央図書館には、幕府御用大工棟梁甲良家に伝わった江戸城の図面が多く保管されている。その中に万延元年に再建した本丸表・中奥の部屋割りを表した『江戸城御本丸萬延度御普請御殿向表奥惣繪圖』がある。外国奉行は、本丸表の奥深くにある芙蓉の間詰で、外国奉行下にある組頭や調役は、芙蓉の間から御祐筆部屋を一つ隔てた焼火《たきび》の間詰であった。

『東京市史稿　四十六巻』に無事帰還した遣欧使節の各団員に、城中で褒美をとらせた記録がある。福澤に関しては文久三（一八六三）年三月二十六日に、老中・外国御用掛であった丹波亀山藩主松平豊前守信義から二〇両と銀五〇枚を、檜の間において頂戴した記録が記されている。檜の間は、焼火の間から躑躅《つつじ》の間を一つ隔てたところにある。

本丸御殿は、文久三年十一月十五日に火災により焼失、以後再建されなかった。現在、天守台の石垣のみを残す**本丸跡**は、一般に公開されている皇居東御苑内にある。

新銭座の木村摂津守

アメリカから帰国した福澤は、万延元（一八六〇）年冬に中津藩中屋敷の長屋を引き払って、芝新銭座の借家に移転し、文久三年秋までここに住んでいた。

一方、木村摂津守は、長崎伝習所取締役の任を終えた安政六（一八五九）年六月から慶応四（一八六八）年七月まで新銭座に住んでいた。

文久二年の『御府内往還其外沿革図書　芝海手之内　當時之形』という地図では「新銭座町」の向かいに「木村摂津守」の名が確認できる。現在の浜松町一丁目二番地に当たる場所である。慶応四年二月に福澤は再び新銭座に移転し慶應義塾と命名するが、木村摂津守宅とは三〇メートルほどの距離である。

また、通弁方として咸臨丸で渡米したジョン（中浜）万次郎も新銭座に住んでいた。万次郎はペリー来航の嘉永六（一八五三）年に江戸に召されて、深川にあった洋式砲術家江川太郎左衛門の邸内に住んだが、安政四（一八五七）年春、江川が新銭座の海際に移転したのに伴って、万次郎も居を移した。『江戸切絵図　芝口西久保愛宕下之図』で「江川太郎左衛門　鉄砲調練所」と示される位置は、新銭座の慶應義塾の目と鼻の先である。万次郎は、明治二年深川砂村にある土佐藩下屋敷に移るまで、江川邸内に居住していた。

赤坂御門内の松平石見守邸

文久二（一八六二）年八月二一日、薩摩藩島津久光の行列に遭遇した英国人が薩摩藩士に斬り殺されるという、世にいう生麦事件が発生し、翌年二月十九日にイギリス公使から生麦事件に関する賠償要求の外交文書が老中宛に届いた。二十日以内に返答しなければ武力に訴えるという強硬なものであった。この文書の翻訳のため、福澤は外国奉行松平石見守宅に呼び出された。

「そのときに、わたしどもが翻訳する役目に当たっているので、夜中に呼びにきて、赤坂に住まっている外国奉行松平石見守の宅に行ったのが、わたしと杉田玄端、高畠五郎、その三人で出かけて行って、夜の明けるまで翻訳した」(『自伝』)

石見守は、松井松平家分知　松井信濃守康功の子として天保元(一八三〇)年に生まれ、同じく分知旗本五千石寄合席　松井軍次郎康済の養嫡子となっている。安政三年「昇栄武鑑」では、松平万太郎康直(石見守のこと)の項がある。そこを見ると、三千石以上で無役の旗本を表す寄合の格式にあり、火事が発生した時に現場に急行し、状況を報告するというさほど重要でない出火之節見廻という役に就いていることが分かる。住まいは、木挽町にあった本家棚倉藩松平周防守の上屋敷に間借りをしている。現在の新橋演舞場のところに当たる。

ところが松平石見守は、安政五(一八五八)年には寄合衆を取り締まる寄合肝煎に、さらに講武所頭取に、そして安政六年に外国奉行の要職に抜擢され、遣欧使節の副使として渡欧している。安政六年改「旗本いろは分」には既に「松平万太郎赤坂御門内」とある。『江戸切絵図麴町永田町外桜田絵図』を見ると、赤坂御門の内側に「松平石見守」の名が見える。赤坂プリンスホテルがあった場所の向かい新都道府県会館(千代田区平河町二丁目六番地)に当たる。福澤が「生麦事件に関する外交文書」を訳した松平石見守邸は正にここである。

石見守は、その後、旗本の栄職である勘定奉行、大目付、江戸町奉行を歴任、元治元(一八六四)年には本家棚倉藩を相続し、譜代中藩の大名となる。そして寺社奉行さらに老中となり八万四〇〇石の禄高を得、慶應三年正月には功あって川越藩の藩主となる。無役の旗本から幕府中枢へと異例の出世を遂げたのである。

しかし、明治の世になってからは公職に就くことはなく、明治三十七年七月五日、七十五歳で没した。墓所は芝西久保の天徳寺にあり、墓石には「松井家之墓」と彫られている。

下谷の緒方洪庵宅

「その年(文久二年)の六月十日に緒方洪庵先生の不幸。その前から江戸に出て来て下谷にいた緒方先生が、急病でたいそう吐血したという急使いに、わたしは実に肝をつぶした。その二、三日前に先生の所へ行って、チャント様子を知っているのに、急病とは何事であろうと、取るものも取りあえず即刻うちを駆け出して、その時分には人力車も何もありはしないから、新銭座から下谷まで駆けづめで緒方のうちに飛び込んだところが、もうことぎれてしまったあと」(『自伝』)

文久二(一八六二)年四月、西洋医学所頭取大槻俊斎が逝去し、その後任として同年八月十九日、適塾の緒方洪庵が大阪より江戸に着府した。

西洋医学所は、大槻俊斎、伊藤玄朴ら蘭方医の発起によって、安政五(一八五八)年正月神田お玉ヶ池に開設された種痘所を前身としている。種痘所は、安政五年九月神田の大火で焼失し、翌年九月下谷和泉橋通の伊東玄朴宅の隣接地に再建された。万延元(一八六〇)年十月には幕府の直轄となり、種痘接種のほかに蘭方医学の教育機関として整備され、文久元(一八六一)年に西洋医学所に、洪庵がいた文久三(一八六三)年二月には医学所と改称、やがて東大医学部に発展していく。

洪庵は、文久二年九月十九日下谷和泉橋通の西洋医学所内頭取仮屋敷に住み始める。十二月七日には医学所内頭取屋敷の造作が開始され、翌年三月三日に完成した。

『自伝』に記されている「下谷にいた緒方先生」というのは、西洋医学所内に住んでいた洪庵をいう。『江戸切絵図下谷絵図』に、「此通御徒町ト云」と記されているのが下谷和泉橋通で、「種痘所」「伊東玄朴」の文字が見えるが、ここが西洋医学所に当たる。下谷和泉橋通というのは、現在の昭和通りで、神田川に架かる和泉橋を北に越えた所をいい、西洋医学所はさらに中央線をくぐった右側、台東一丁目二八〜三〇番地辺りにあった。

なお、余談になるが、御徒町《おかちまち》という語源は、徒士《かち》すなわち徒歩で行列の先導をした御家人の住んだところに由来するが、『下谷絵図』を眺めると、小さな地割の家々がびっしりと並んでいる。この中に西洋医学所があった。和泉橋北詰は、明治二年の大火を受けて、火除地として原っぱとなり、火伏の神、秋葉神社を勧進したことから秋葉の原と呼ばれ、ここにできた駅が秋葉原駅となった。

福澤は、恩師洪庵の吐血の知らせを受けて、現在の浜松町駅から秋葉原駅までを駆けたことになる。距離にして五キロ。一キロ六分のジョギングペースでも三〇分で到着したことになるが、悲しいかな、恩師の死に目には間に合わなかった。

[加藤三明]

column

福澤邸と演説館

慶應義塾を芝新銭座から三田に移転させた福澤は、自らの邸宅も義塾構内に移し、さらに明治八年、構内の南東角地の丘の上に二階建ての西洋館を普請した。しかし、啓蒙家であった福澤ではあるが、自身の日常生活は和風を好んだため、明治十二年頃には一部を除き純和風に改造した。福澤には普請道楽があり、しばしば増改築を行った。明治三十四年二月三日、福澤はこの自宅で、脳溢血で逝去した。

国道一号線の拡張で敷地の多くを失い、加えて第二次世界大戦の空襲により邸宅は焼失し、その後何の標識も立てられることなく跡地は放置されていた。その状態を遺憾とした大正十年大学卒業の諸君が、たまたま昭和四十六年が卒業五十年に当たり、且つまた、義塾の三田移転百年でもあるので、それを記念して福澤邸跡に**「福澤諭吉終焉之地記念碑」**を建てたのであった。除幕式はその年の三月二十三日に行われたが、記念碑は高さ一四〇センチの御影石で造られている(口絵参照)。記念碑の周囲一面には藪蘭《やぶらん》が植えられている。この蘭は福澤がその青春の幾年かを過ごした緒方洪庵の適塾の中庭にあったものを、昭和五十年秋に、洪庵の曾孫である緒方富雄東京大学名誉教授から寄贈されたものである。

スピーチを「演説」と訳した福澤は、明治八年、その普及を図るため三田の慶應義塾構内に**三田演説館**を開館した。日本最初の演説会堂で、木造瓦葺、土蔵などでよく用いられるなまこ壁ではあるが、上げ下げ窓や入口ポーチなどは洋風の、明治初期の擬洋風建築として貴重な存在である。床面積五八坪余で、一部二階建てで総坪数は付属建物合わせて八八坪余になる。聴衆四〇〇～五〇〇名を容れるに足り、ちょうどそのころアメリカにいっていた弟子の富田鉄之助に依頼して種々の会堂の図面をとりよせ、それを参考に二千数百円を投じて造られたという。

当初は現在の図書館旧館と塾監局との中間辺りに位置していたが、関東大震災後の大正十三年、三田構内南西の小丘である稲荷山上に移築された。そのため、第二次世界大戦の空襲の難を逃れたのである。

福澤はこの演説館について、「其規模こそ小なれ、日本開闢以来最第一着の建築、国民の記憶に存す可きものにして、幸に無事に保存することを得ば、後五百年、一種の古跡として見物する人もある可し」(「福澤全集緒言」)と述べたが、開館後百年もたたない、昭和四十二年六月には国の重要文化財に指定された。

［大澤輝嘉］

◉現在は「福澤公園」として塾生の憩いの場となっている福澤邸跡。［慶應義塾広報室提供］

IV

円熟期から晩年へ

長沼と福澤諭吉

千葉県成田市にかつて長沼という沼があり、この沼の権益をめぐって起こったのが長沼事件である。県の横暴に対して困惑していた長沼村民の訴えを、福澤は親身になって聞き入れ、村民のために力を尽くした。権力の横暴に対して、福澤は正論を唱え、暴力ではなく言論で抵抗した。まさに近代社会運動のはしりである。

千葉県成田市の北部に長沼という一農村があり、かつてはここに約二八〇ヘクタールほどの長沼という沼があった。この沼の所有権をめぐって、福澤が長沼村民のために尽力したのが「長沼事件」と呼ばれる出来事である。

江戸時代より長沼は、長沼村による専有を認められており、村民は沼の漁猟で生計を立てていた。明治五年、宝田、印旛《いんば》、荒海などの周辺一五村が沼を共有のものにしたいと、県庁と謀って画策を行った。その結果、翌年には官有地の扱いとなり、抗議に向った村民五名を捕縛し、抵抗を続けるなら村民一同を同罪と見做して斬首の刑にすると脅したのである。

そして村民代表として小川武平《ぶへい》が千葉の県庁に嘆願にいったところ、役人の反感を買って「お宿預け」すなわち宿屋での謹慎を命ぜられた。その時、武平は町で『学問のすゝめ』を買い求め、人民の自由、権利の説を読んで感銘を受け、福澤に長沼の窮状を訴えてみようと思い立ったのである。明治七年十二月十五日、武平(四十三歳)は三田の福澤邸を訪ね、福澤(三十九歳)に村の実情を話したところ、福澤は孤立無援の村民に同情し、願書をしたため、県令(今の県知事)への書簡をも記し、そして村民を激励した。その甲斐あって、明治九年七月、官有地になった長沼の権利を五年間、長沼村が借用する許可を得るまでになった。

これを喜んだ村民は、男は縄をない、女は糸を操り、木綿を織り、昼夜労作して得た二二七円を謝礼として福澤に持参したところ、福澤はこれを受け取らないばかりか、三円を付け加え、これを利殖して五カ年借用の許可を得たに過ぎない長沼の所有権を回復する機があれば、その資金に充てるよう言い渡した。その上、このような憂き目を見たのは、村民の無学によるとして、五〇〇円を寄付し、これを資金に学校建設を勧めた。村民は苦しい生活を送っていたにもかかわらず、学校建設のための出資を惜しまず、ついに千葉県第二の小学校として明治十四年、長沼小学校の開校を見たのである。

そして、村民は五カ年ごとに長沼借用の延期を繰り返してきたが、福澤は、これに満足することのないよう村民を励まし、沼の所有権返還を促した。明治三十一年九月、福澤が脳溢血を患った折も、病床にて「ナ、ナ……」と発するほど、長沼のことを心に掛けていた。かくして明治三十二年四月十八日付で国有土地森林原野下戻法が公布された機を逃さず、福澤は慶應義塾出身の弁護士鈴木充美に命じて下戻申請を行い、明治三十三年三月二十九日、無償払下げの許可を受けた。二十八年ぶりに沼は村の所有に復したのである。以上が、長沼事件の顚末である。

現在、長沼へは、成田ICから国道二九五号線を二キロ西へ進み、JR成田線をくぐってすぐをつくば方面に右折、国道四〇八号を六キロ行くと、長沼の集落に到着する。

国道四〇八号の長沼保育園バス停を右に折れると、すぐ左側に**長沼保育園**がある。ここにはかつて福澤の後援によって設立された長沼小学校があった。庭の中央にヒバの老木が立つが、これが、長沼小学校開校式に臨席した第二代千葉県令船越衛の馬を繋いだという木である。福澤の要請と言えども、県令が小学校の開校式に出席するということは、当時としては異例のことであった。

長沼小学校は、昭和三十一年に、村より二キロ北、北羽鳥の豊住小学校に統合され、一、二年生のみが通っていた長沼分校も昭和三十四年には廃止されてしまった。しかし、豊住小学校には、「獨立自尊」と刻まれた**百周年記念碑**(平成元年)があり、隣には昭和四十年新校舎落成を記念して制定された校歌が記されている碑が立っている。その校歌の四番の歌詞は、次のようなものである。

大利根の流れは絶えず
うけつぎし　独立自尊
手をとりて　正しく行かん

◉長沼保育園とヒバ

豊住　豊住　豊住　豊住小学校

なお校長室には、昭和四十九年富田正文氏揮毫による「独立自尊」の扁額が掲げられており、校舎外壁には「福沢先生と豊住小学校」という題で、郷土史家高柳正平氏による長沼事件の概略が記された銅板がはめられている。福澤の長沼に対する事績は、こうして今に伝えられている。

三つの記念碑

長沼保育園から二〇〇メートルほど、集落の中を歩いていくと、大きな石碑が三つ並んでいるのが、目に入る。一番左の石碑が、福澤の功績を讃えるため、慶應義塾長鎌田栄吉撰文により、大正七年の下戻記念日、三月二十九日に建立された**長沼下戻記念碑**である。この石碑建立の際、高さ約三メートルもある石碑を成田市から村まで運ぶのに、村民総出で大八車を連ね、二日二夜かかったという話が残っている。また、小川武平の曾孫故小川貞さんは、碑の完成時に小学一年生で、除幕式の様子は今も瞼《まぶた》に焼き付いていると、かつて次のように語って下さった。

「小学校に集合して、日の丸の小旗を手に楽隊の演奏に合わせて『長沼下戻記念の歌』を歌いながら、碑まで行進しました。除幕式で万歳三唱し、紅白の餅をもらって家に帰りました」（八三ページコラム参照）

中央、光沢のある黒御影の石碑は**干拓頌功之碑**である。長沼干拓の歴史的経緯を記して、昭和五十四年十二月一日に建立されたものである。

右に立つ石碑は、大正十五年三月二十九日、長沼区民によって建てられた**功績記念碑**で、長沼事件に貢献した数々の農民先輩烈士の功績を記念したものである。

これらの碑の背後は、城山と呼ばれる小高い丘になっており、戦国の世の長沼城址と伝えられている。この城山を、村民は福澤への報恩のしるしとして福澤家に贈った。登記

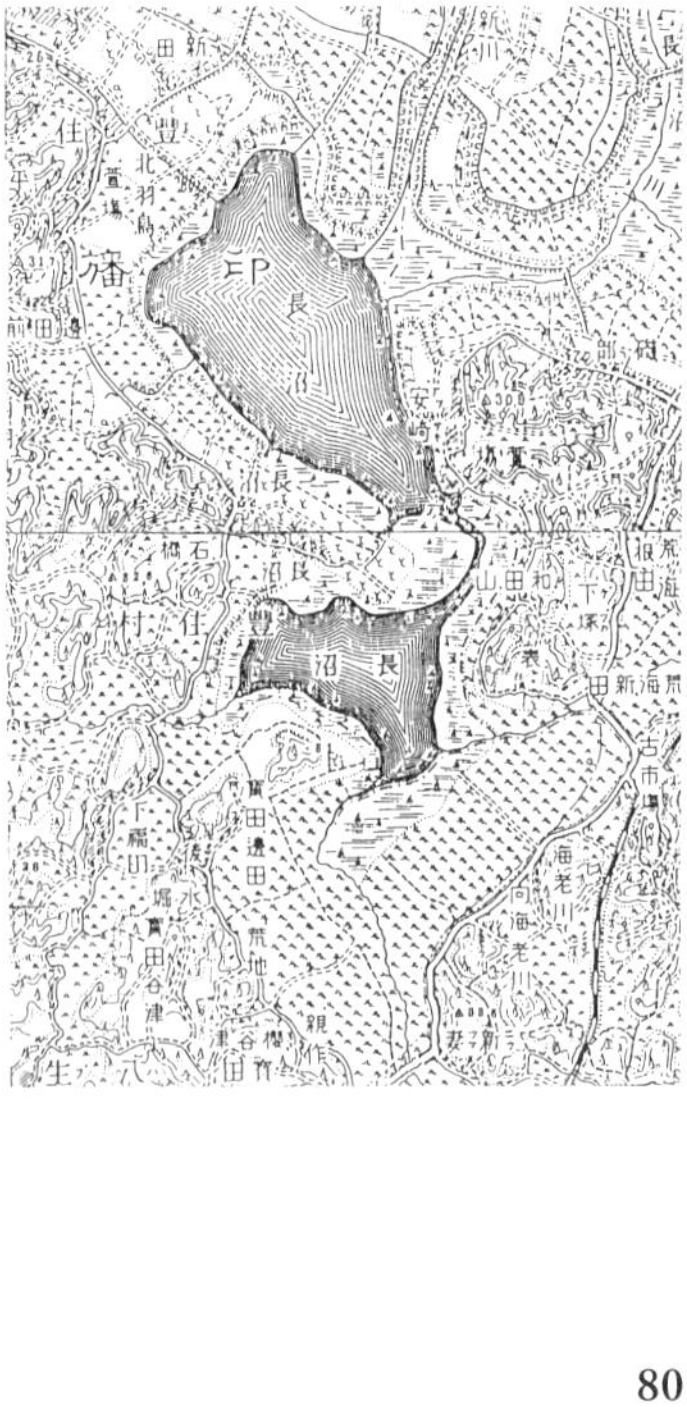

●明治後期の長沼村地図（国土地理院資料による五万分の一地形図使用［明治四十二年発行］）

上の手続きは、明治四十四年十二月二十八日、長男一太郎に譲渡という形で行われている。しかし、福澤家は、長沼人心一致の表象にと昭和二十一年十二月四日、長沼村に返還、村民百十四軒の共有となり、現在は「長沼市民の森」と呼ばれている。

城山頂上は、広場になっており、平成十年十月に建てられた**長沼下戻百周年記念碑**がある。その碑文の冒頭は、

「福澤先生の直系

曾孫　福澤範一郎様

令夫人　福澤あや子様

御夫婦をお迎えして」

で始まっている。

◉城山の麓に立つ３つの記念碑（左より長沼下戻記念碑、干拓頌功之碑、功績記念碑）

頂上には見晴台も備え付けられ、そこから眼下に広がる水田を見ることができる。この水田のところが、かつての長沼である。沼は、長沼村と対岸の荒海村を結ぶ線でくびれており、それを境に南を表沼、北を裏沼と呼んでいた。表沼は、昭和七年干拓に着工、昭和十年に完成し、八〇ヘクタールの水田となり、長沼村民の所有するところとなった。裏沼は、昭和二十年干拓に着工、昭和三十四年頃には沼の姿が消えてしまったという。土地改良工事まで含めると完成は、昭和四十七年になってしまったが、農舟の行き交った低湿水田は二〇〇ヘクタールの近代圃場となった。そのうちの五〇ヘクタールが、長沼村民のものとなり、村民に平等に分け与えられた。

長沼と福澤家

さて小川武平であるが、私を忘れ村のために奔走していた結果、家計は傾き、長男三蔵（明治十四年二十七歳没）を亡くし、田畑も手放した上、村民からは名声を妬まれ白眼視

されたという。福澤は、武平を「第二の佐倉宗吾」と称賛し、村民に武平を苦境に陥らせることのないよう忠告し、さらに武平の境遇を憐れみ、明治十六年二月から同十九年十二月まで三田の自宅に寄寓させたこともあった。武平は、大正四年八月十七日、八十六歳で天寿を全うする。

集落から国道を渡った側に、村民の墓地があり、一番奥の「小川家先祖代々之墓」の下に武平は眠るが、この墓石は昭和五十九年五月に建てられたもので、それまで武平の墓石は無かった。武平は自分より先に逝った息子の墓は設けたが、「家に迷惑をかけたので自分の墓はいらない。沼の見えるところに葬ってくれ」ということで、塚を築いただけの墓であったという。そして、平成二年三月には、武平の玄孫不二夫氏の私財によって立派な黒御影の「長沼下戻百周年記念　小川武平慰霊之碑」が墓石に並んで建てられた。

長沼では、今も三月二十九日の下戻記念日には、村の役員の方が福澤の肖像画、餅、清酒を携えて、下戻記念碑に行き、万歳三唱、乾杯とささやかながら、福澤の徳を讃え続けている。

事件解決後、村民は福澤に対する報恩の意を表すため、毎年沼で獲れた魚を進呈することにしたが、福澤は川魚を好まず、もし強いて何かくれるなら村民の手でできた野菜の漬物などの方がよろしいということで、毎年手製の味噌漬を進呈することにした。明治三十四年、福澤逝去の前後には、村民が交代で見舞いのために上京、福澤の訃報が長沼に達すると、老若男女共に嘆き悲しみ、村は悲歎に沈んだという。しかし、福澤逝去後も福澤家への挨拶は定着し、終戦後の食糧難、物資統制時代も含めて、正月、中元、歳暮と米、味噌などを携えて、福澤家を訪問していた。

平成二十二年から福澤家への訪問は取り止めとなり、二月三日に行われる諭吉の法要に参加するようになった。

［加藤三明］

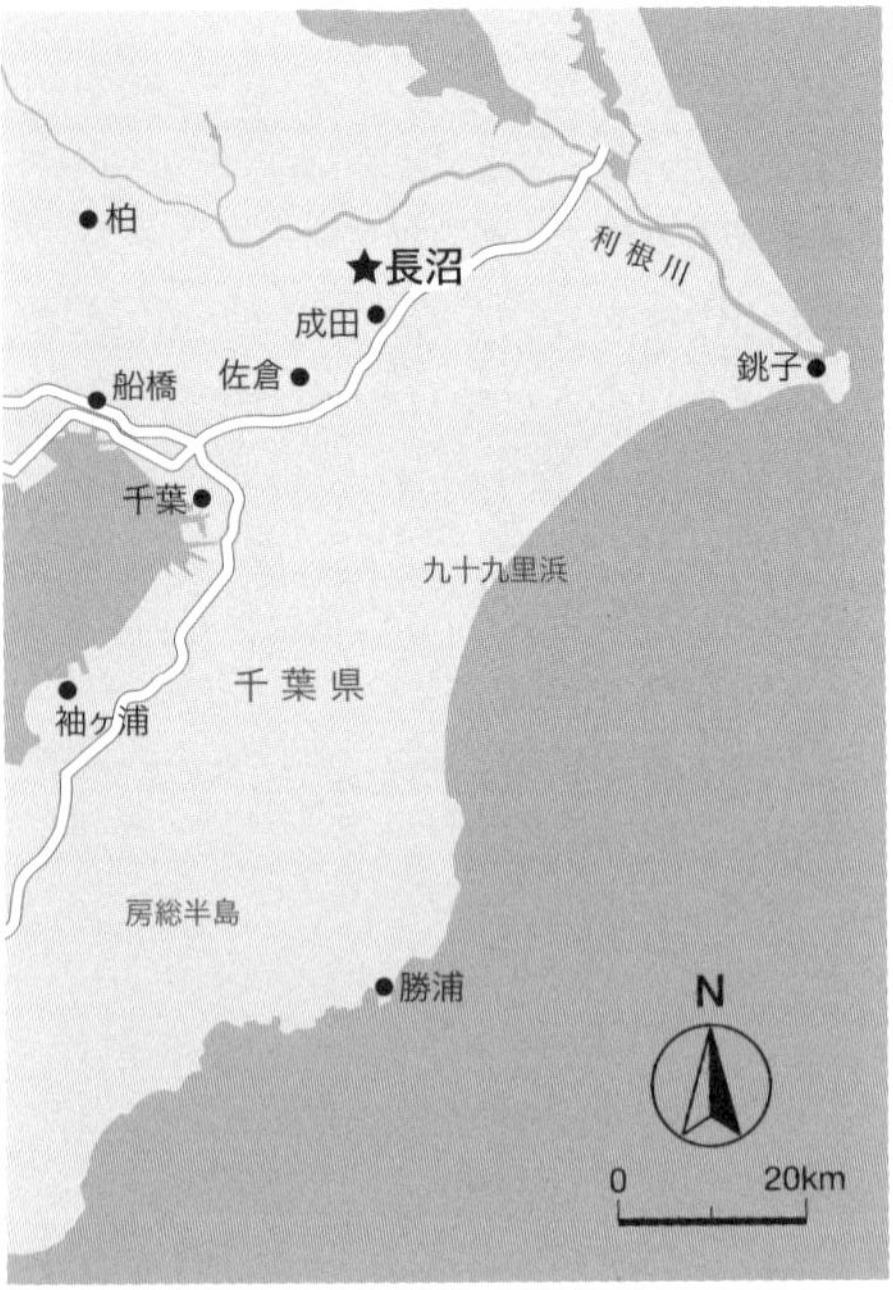

◉長沼

column

長沼下戻記念の歌

幾百年の昔より長沼村の長沼と
伝え来りし所有権漁業の富は無尽蔵
隣村為《ため》に羨望し分離の策に余念無く
折々起す願いごと残る記録も数多し
延宝五年が初筆にて元禄宝永これに次ぎ
明和の頃の出入には縄に手錠に牢の中
村の為とて身を捧げ子孫の為に苦を忘れ
血涙《けつるい》そそぎし九姓《ここせい》の勲《いさお》は如何に尊かる
次は寛政二年にて明治の五年に亦起り
決死苦闘の甲斐も無く又も無情の縄手錠
先達力を尽せども翌年四月二日には
望みを絶えて入会地一村生きたる
心地無く
哀れに沈む長沼は老若男女打ち集い
心を合はせ手を変えて願に適《かな》ふあても
無し
進退極まり計は尽き暗雲空に漲《みなぎ》りて
長沼村は真の闇墳墓の土地も頼みなし
離散者相次ぐ中にして義民宗吾の尊霊に
水垢離《みずごり》をすら厭《いと》いなく祈願をこむる
人続く
同志の一人武平翁たまたま手にせる
一冊の
文に知り得し一偉人東京三田に在るを
知り
都の秋の夕まぐれ影も淋しき二人連れ
訪ねて謁《えつ》を求むれば福澤先生其の人は
涙に語る顚末を哀れと聞きて頷《うなづ》きて
自ら筆を取り給い授くる願書力あり
官庁態度一変し遂に還りし漁業権
村民蘇生の思いして夢かと只に喜びぬ
先生更に戒めつ油断は敵ぞ一致して
所有権をも還せよと重ねて教《おしえ》怠らず
遂に花咲き実を結び明治三十三年の
三月念九《ねんく》の吉日に我等が念願こと成りぬ
歓呼の声は村に湧き山河崩るる
ばかりなり
春雨秋雨五十年それの良き日を忘れめや
思い新たに先生の御霊《みたま》の前に額ずきて
村を挙げての祝賀式いざ言祝《ことほ》がん
今日の日を

＊＊＊

小川武平の玄孫不二夫氏宅では、床の間に今でも福澤の肖像写真を飾っている。そして、福澤、犬養毅、牛場卓蔵などからの武平宛の書簡をはじめ、長沼事件関係の新聞・雑誌のスクラップなど数多くの資料を保管している。その中に「長沼下戻記念の歌」の歌詞があった。「長沼下戻記念の歌」は、大正七年三月「長沼下戻記念碑」完成に際して、二代目長沼小学校長で当時の長沼小学校長であった長谷川亀次郎先生が作詞したもので、曲は明治二十二年につくられた「日清談判破裂して　品川乗り出す東艦……」で始まる『欣舞節』のメロディーを用いた。この詞は、長沼事件の経緯を簡潔にまとめており、しかも村民の心情をよく表しているので、ここに全文を紹介した。

小川不二夫氏の話では、子供のころは三月二十九日の下戻記念日に長沼小学校に集まり、下戻記念碑まで「長沼下戻記念の歌」を歌いながら行進していったということであったが、残念ながら今は歌う機会がなくなったという。

［加藤三明］

耶馬溪

福澤諭吉と環境保全

中津の城下町から山国川を遡っていくと「青の洞門」で知られる景勝の地、耶馬溪がある。この景観を守るために、福澤は人に知られないように土地を購入した。今にして思えば、まさに環境保全運動のさきがけである。

耶馬溪《やばけい》は、大分県中津市にある山国川の上・中流域の渓谷である。菊池寛が大正八年に『恩讐の彼方に』を上梓したことで、全国にその名を知られることになり、新日本三景の一つに選ばれ、同十二年に名勝に指定された。昭和二十五年には一帯が耶馬日田英彦山国定公園となった。しかし、それ以前にその景観を守ったのが福澤なのである。また、福澤山脈の一員、朝吹英二《あさぶきえいじ》も山国川沿いの中津市耶馬溪町宮園の出身である。福澤と耶馬溪の関わりと、朝吹の生家跡を探ってみる。

耶馬溪

溶岩台地の浸食によってできた奇岩の連なる絶景で、文政元（一八一八）年に頼山陽《らいさんよう》が九州を旅行中にこの地を訪れ、当時の「山国谷」という地名に中国風の文字を当て、『耶馬溪図巻記』中の漢詩に「耶馬溪山天下無」と詠んだのが、耶馬溪という名前の起こりである。頼山陽が耶馬溪と命名したのは、現在「本耶馬溪」と呼ばれている、青の洞門や競秀《きょうしゅう》峰《ほう》の辺りだけであるが、その後周辺の渓谷についても「耶馬溪」という名称が使われ、裏耶馬溪・深耶馬溪・奥耶馬溪などと称している。

青の洞門

諸国遍歴の旅の途中、この地に立ち寄った越後出身の禅海和尚は、断崖絶壁に鎖のみで結ばれた難所である「青の鎖戸」で通行人が命を落とすのを見て、ここにトンネルを掘り安全な道を作ろうと、托鉢勧進によって掘削の資金を集め、全長約三四二メートルにおよぶ隧道《ずいどう》を、石工たちを雇って鑿《のみ》と槌だけで、寛延年間（一七四八～五一）を中心に約三十年かけて掘り抜いたと伝わっている。中津藩は奉加《ほうが》帳《ちょう》をまわして寄付金を集め、禅海を援助したという。この史実に取材した作品が菊池寛の『恩讐の彼方に』である。

福澤と耶馬溪

明治二十七年二月、福澤は一太郎、捨次郎の二子を伴って、二十年ぶりに中津に墓参のため帰郷した。耶馬溪を散

◉現在の競秀峰と山国川

策した際、旧中津藩主奥平家の別荘を建てたいとその景観を激賞した。しかし、競秀峰付近の山地が売りに出されているという話を耳にし、このかけがえのない絶景が心ない者の手に落ち、樹木が伐採されて景観が失われてしまうことを恐れた福澤は、「此方にては之を得て一銭の利する所も無之」(明治二十七年四月四日付、曽木円治宛書簡)ことではあるが、一帯の土地を購入することを決心したのである。旧中津藩の同僚で義兄にあたる小田部武を名義人として、地元東城井村の村長であった曽木円治の周旋により、複数の土地所有者から一帯の土地約一・三ヘクタール(一万三千平方メートル)ほどを、自分の名を表に出さず、少しずつ目立たないように三年がかりで購入していった。曽木には、「差急ぎ候事に無之、唯々人の耳に触れざる中に成就するやう祈るのみ」(明治二十七年九月十三日付、曽木宛書簡)と書き送っている。

小田部は、維新後、中津において地所売買の仲介などを行っていたため、こうした土地購入の名義人として好都合の人物だったと思われる。また、曽木は競秀峰のある曽木地区の大庄屋で、中津から日田に通じる「日田街道」の改築工事に尽力するなど、公益事業に貢献した人であり、三男の晋は、上京して福澤家に寄宿し、慶應義塾に学んだ。

明治三十三年九月、家督相続で小田部菊市の名義になっ

たが、まもなく同年十一月に売買の形で、福澤と一緒に耶馬溪に遊んだ次男福澤捨次郎の名義に書き換えられ、正式に福澤家の土地となった。昭和二年、相続により福澤時太郎名義になり、その間に、この一帯の地所は景観のために保護される風致林に編入された。しかし、福澤家は必ずしも地所の所有にこだわったわけではない。『福澤諭吉傳』には「何分遠隔の地所のことゆえ管理も十分行き届き兼ねるので、昭和三年同地真坂村の尾家某に其所有権を譲渡して風致の保存を図ることとなった」と記されている。現在の持ち主は数人に分かれている。

心ない開発から自然環境・景観を守るために、私財をもってその土地を購入するという福澤が故郷を思う気持ちから実行したこの試みこそ、わが国における自然保護・環境保全のためのナショナルトラスト運動のさきがけであり、その卓越した先見性は評価されるべきであろう。平成十九年、青の洞門駐車場にある禅海和尚の銅像脇に、福澤旧邸保存会によって、**福澤と耶馬溪との逸話を記した説明板**が建てられた。

朝吹英二

朝吹英二は弘化三（一八四六）年に豊前国下毛郡宮園村（現中津市耶馬溪町大字宮園）で父朝吹泰造と母幾能の次男として生まれ、幼名は萬吉と称した。朝吹家は寛永年間に苗字帯刀を許可され、兄謙三まで十五代続く大庄屋であった。英二は八歳の時に痘瘡《とうそう》にかかり、幸運にも回復したが、顔に痘痕《あばた》が残りこれが後に様々なエピソードを作ったという。十歳の時、朝吹彦兵衛の養子となり、名を鐵之助と改名するが、十六歳になると実家に復帰する。この頃から、朝吹は養子時代の経験を活かして米穀などの売買投機を試みるようになる。

慶応二（一八六六）年、代官の下で農兵の分隊長を務める傍ら日田の咸宜園《かんぎえん》で廣瀬林外《りんがい》の下で学ぶ。その後、中津の渡邊重春《しげはる》の営む渡邊塾に入り、この頃、鐵之助から改名して英二と名乗るようになる。さらに同じ中津の白石照山の漢学塾で、福澤の又従兄弟である増田宋太郎と知り合う。増田は過激な攘夷思想の持ち主で、親しい間柄の朝吹も彼の感化を大いに受けることになった。

明治二年の春、中津藩主奥平氏の姫君が、四條隆謌《たかうた》という公卿に嫁ぐことになった。この時、兄謙三の嫁たみの親族である、中津藩の鍼医藤本箭山《せんざん》が御附役として上阪することになるが、供の者が病気になり帰国する。朝吹は代わりに自分が行くと家出覚悟で頼み込んで上阪し、藤本の下で働きながら学問を続ける。同三年十一月、福澤が中津にいる母を迎える途中に甥の中上川彦次郎らを連れて大阪に寄り、船が出るまでの数日間を藤本の家で過ごした。この時初めて朝吹は福澤一行と対面するのであった。

朝吹は、牛肉を食べるなど西洋式の生活を送り、自分の月給の一カ月半に当たる一分二朱を払って駕籠に乗る福澤や、年下にもかかわらず自分を田舎者扱いする中上川にも嫌悪感を抱いた。そこへ朝吹を訪ね福澤の様子を聞いた増田は激高し、朝吹に福澤暗殺を依頼したのであった。朝吹は、福澤が緒方洪庵夫人を訪ねた帰りに暗殺を実行に移そうとするが、太鼓の音がして気が抜けてしまう。朝吹はその時の様子を、明治四十一年二月の大阪三田会で詳しく演説している。

その後福澤に諭され思想転換し、慶應義塾に入社、芝新銭座時代の福澤家の玄関番として働いた。明治五年に慶應義塾出版局の創設に際してその主任に就任する。同八年には、福澤の媒酌により中上川の妹澄と結婚し、福澤・中上川家と縁戚関係になった。同十一年、三菱商会に入社、その後、大隈重信に近い政商となり、中上川の招きで同二十五年、鐘ヶ淵紡績専務に就任し、三井工業部専務理事、三井管理部専務理事、王子製紙会社会長と、三井系諸会社の重職を歴任し、三井の四天王の一人と言われた。

石田三成の顕彰事業にも熱心で、歴史学者渡辺世祐《よすけ》に委嘱して『稿本石田三成』を書かせ、その墳墓発掘にも力を尽くした。柴庵《さいあん》と称し、目利きとしても知られ、由緒も知られず、下谷池之端の道具商の店頭にあった水戸徳川家伝来の〈古銅下蕪耳付花入〉を即座に名品と看破し、廉価で入手したという。

朝吹英二生家跡

朝吹家は、母屋雑座敷合わせて大小二十九室に及ぶ大邸宅であった。宗家の亀三が家督を継いだが、その後生家跡は、英二の血縁である清島家が運営する保育所になった。保育所閉園後宮園集落に寄附され、現在は宮園公園と宮園公民館になっている。公民館脇の旧日田街道沿いに、**朝吹翁頌徳碑**がある。朝吹は郷土宮園の人々を、物心両面から支援した。その徳を讃えて、朝吹の生前大正三年に在郷の人々が中心となって、頌徳碑建立の計画が起こった。江藤甚三郎を建設委員長に、碑文を帝国博物館館長股野琢（藍《らん》田《でん》）に依頼し、場所も選定されいよいよ着工という段になって、話を聞いた朝吹は強くこれを固辞した。同七年の朝吹歿後、再び建碑論が起こり、先の股野の碑文に加えて、犬養毅が碑建立までの経緯を記したものを撰文としたものである。

◉朝吹翁頌徳碑

◉朝吹清島両家の偉功を伝える記念碑

公園内には「宮園元組部落一同」の建立した、**朝吹清島両家の偉功を伝える記念碑**がある。こちらは、宮園にある、河童祭りで有名な雲八幡神社の宮司であった秋永十勝《とかち》の筆による。公園の片隅には、石灯籠や苔むした巨石が残っており、邸宅のあった往時を偲ばせている。

［大澤輝嘉］

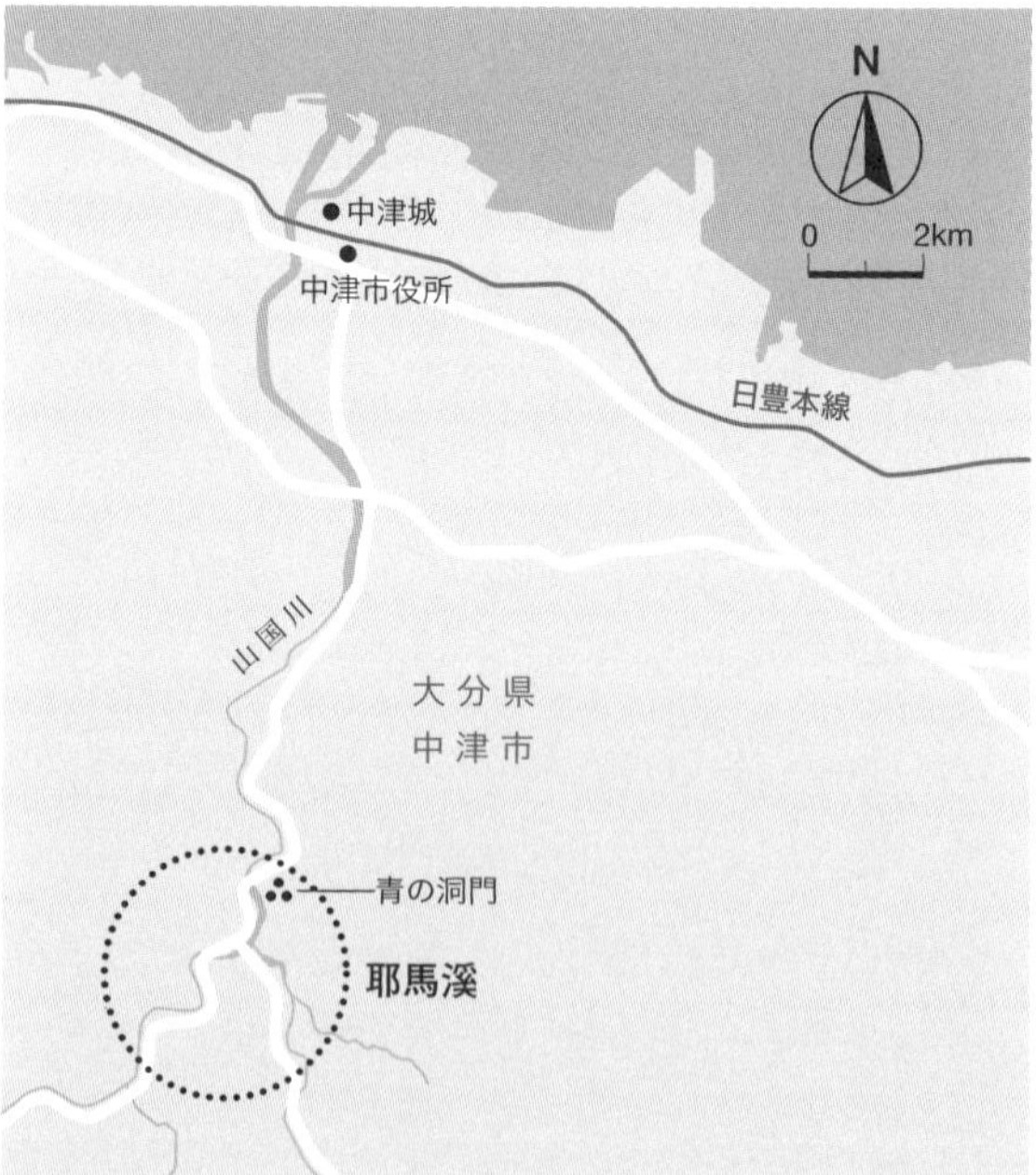

◉耶馬溪

福澤諭吉と箱根開発

古来東海道の要衝であり、「天下の険」と謳われた難所箱根峠のふもとには宿場や関所が置かれた。近代以降は保養地、観光地として発展し、各所に湧く温泉や、芦ノ湖、大涌谷、仙石原などが有名である。毎年一月に行われる箱根駅伝では、沿道に立ち並んだ多くの人々が、襷を運ぶランナーに声援を送る姿が見られる。

箱根温泉

箱根温泉は、奈良時代の天平十（七三八）年、釈浄定坊が発見した「惣湯」を起源とすると言われている。この源泉は現在も使用されている。江戸時代には東海道に沿った温泉地として繁栄し、「箱根七湯」として知られた。この頃の七湯は、湯本、塔ノ沢、堂ヶ島、宮ノ下、底倉、木賀、芦之湯であった。芦ノ湖畔には箱根の関所が設けられ、江戸幕府防衛のための関と位置付けられていた。

福澤と旅行

福澤は三度の外遊を経験しているが、国内を観光目的で巡ったのは明治期に入ってからで、京阪、山陽、信州、上州、茨城などの各方面に足をのばした。また、保養のためによく逗留した場所は、箱根、大磯、鎌倉、酒匂《さかわ》、静浦（現在の沼津）などであった。多くは家族同伴で、期間は一、二週間が多かったが、一カ月にわたる時もあり、その間に一、二度帰京することもあった。逗留中も時事新報社説の起草、校正などに忙しく、また散歩は一日も欠かさず、雨天の時は居合い抜きをするなど、在宅中と同じ日課をこなしていたという。福澤は、

「温泉そのものは効能の有無は分らないけれども、ただ空気が変わり、気分が変わるのがよいようである、そして山に登ったり何かして散歩するのには都合がよいから行くのである、併《しか》し空気の変わるのが果たして健康によいものであるならば、自宅に居ながら家の中の空気だけを変えるという工風《くふう》は出来ないものであろうか」（『福澤諭吉傳』）

と言っていた。福澤の温泉行きは、四季随時に思い立った

もので、避暑、避寒というのではなく、寒中に二、三泊の散歩旅行を試みることもあった。

二つの温泉旅館「福住」

箱根湯本の町を過ぎ、国道一号線を早川渓谷に沿って上っていく。塔ノ沢温泉の手前にある函嶺洞門（近代土木遺産）は、福澤の提案により造られたものと言ってよいであろう。塔ノ沢は箱根の中では比較的新しい温泉で、江戸時代初期、慶長九（一六〇四）年、塔ノ峰山中で修行をしていた弾誓《だんじょう》上人がこの温泉を発見したと言われる。

◉塔ノ沢「福住楼」

明治三年、五月に腸チフスを患った福澤は、その年の十月、養生のための熱海入湯からの帰途に箱根湯本を訪れ、湯本の福住旅館に二日間滞在し、その後もたびたび箱根を訪れるようになる。湯本温泉の泉質は、江戸時代に箱根七湯を紹介した「七湯の枝折《しおり》」に「冷湯にして気味なし」と記されたほど、ぬるめの湯である。一方、塔ノ沢温泉は「温湯にして気味かろし」といわれたように湯本より温度が高い。福澤は、熱めの湯を好んだ（明治三年十月二十二日付阿部泰蔵宛書簡）ため、湯本の福住旅館から分家し、山道をさらに登った塔ノ沢にあった福住喜平治《きへいじ》の**福住楼**（塔ノ沢福住）に逗留することも多かった。塔ノ沢の福住楼には福澤が記した引き札（広告チラシ）が残されている。

「当温泉場の義は箱根七湯の中にて、山浅からず深からず、小田原の市を去ること二里足らず、東海道の湯本宿より僅か二、三丁を入込候一区の仙境にて、従来の便利は神奈川より馬力、人力車数時間の事に候得ば、途中御小休のヶ処も少なく、速に当処御着の上、温泉の清潔は七湯中第一と乍憚自負仕候程にて、先づ御入浴の御愉快は申上候までも無御座、随て御賄等の義別して鄭重な

◉箱根湯本「萬翠楼福住」

る御取持は不行届に候得共、私方先代よりの家風にて、座敷向御夜具等を始め飲食の物に至るまでも質素と潔白を旨と致し。其外は一切御来客様の御随意に任せ、御沙汰次第にて如何様も調達可仕」

と宣伝している。

一方、湯本の福住旅館は、寛永二（一六二五）年の創業と言われる湯本きっての老舗旅館で、現在は**萬翠楼《ばんすいろう》福住**と称している。明治十二年に建てられた県内に現存する最古の擬洋風建築（国指定の重要文化財）である。福澤訪問当時の主人は十代目の福住九蔵（正兄《まさえ》）であった。正兄は、文政七（一八二四）年、相模国大住郡片岡村（現平塚市片岡）にて名主大沢市左衛門の五男として誕生した。弘化二（一八四五）年、二宮尊徳の塾へ入門、嘉永三（一八五〇）年、箱根湯本の福住家へ婿養子に入り、家名を相続して十代目九蔵となった。福澤が箱根に逗留するようになった当初から福澤と入魂《じっこん》になった正兄は、明治四年に家督を長男に譲り、正兄と改名。旅館を石造り三階建てに建て替えるとともに、観光地箱根の近代化のために種々の事業に着手するのであった。

福住正兄の箱根開発

明治八年、小田原から人力車や馬車が通れる道路を整備する開削工事が開始された。この道路工事を正兄に勧めたのは福澤であり、具体化したのは足柄県令の柏木忠俊《ただとし》であった。明治六年、福澤は塔ノ沢の福住に滞在中、『足柄新聞』第六号に「箱根道普請の相談」という記事を発表した。その内容は、箱根近代化のためには、昔のままの荒れ放題の道を改修することが急務であると提言している。

「人間渡世の道ハ眼前の欲を離れて後の日の利益を計ること最も大切なり、箱根の湯本より塔の沢まで東南の

◉福住正兄

山の麓を廻りて新道を造らハ、往来を便利にして、自然ニ土地の繁昌を致し、塔ノ沢も湯本も七湯一様ニ其幸を受くへき事なるに、湯場の人々無学のくせに眼前の欲ハ深く、下道の仮橋も去年の出水ニ流れしまゝに捨置き、わざわざ山路の坂を通行して、旅人の難渋ハ勿論、つまる処ハ湯場一様の損亡ならずや」

と、かなり挑発的な文章である。さらに柏木には、

「湯治中無為、宿の主人湯本の九蔵へも相談、道普請の話しいたし居候。別紙は先日認《したた》め湯屋仲間連中へ示し候書付に御座候」

との書状を送っている。

結果、正兄を中心とした箱根の旅館主たちの出資によって、小田原から湯本村字山崎に至る約四・一キロメートルの東海道を幅約四・五〜五・四メートルに広げ、途中の難所であるお塔坂を開削する第一期の工事が開始された。費用は「道銭（通行料）」を五年間徴収して償却する計画で、これが日本最初の有料道路となった。明治九年二月には人力車が湯本に入るようになった。そして、五年間で徴収した道銭は一、六〇二円四〇銭四厘。工事費は一、六八五円七二銭八厘。その他諸経費を差し引くと計二一〇円二八銭三厘の赤字が出た。このうち一二三円余を正兄個人が負担したという。

続いて正兄は第二期工事として湯本村字山崎の台地の峻難な坂道を切り通しとして三枚橋に至る約五一〇メートルの開削にとりかかった。これは難工事だったが、同十五年には開通し、湯本までの馬車の開業を見たのであった。さらに、明治十九年七月、東海道線が新橋から国府津まで開通し、箱根を避けて山北、御殿場経由で沼津へ行くコースが決定したため、同二十年七月、正兄ら有志七名は、馬車鉄道（国府津〜湯本間）敷設の請願書を神奈川県に提出し、翌年十月に馬車鉄道が開通した。正兄は、

「明治八年官に乞ふて車道を開きてより、漸々《ようよう》に工事を重ねて今の道となせるを、今二十一年にこの朝日橋と国府津停車場の間三里九丁、馬車鉄道の通路となれるなり。十四年前を思へハ実に夢の如くになん」（『箱根七湯志増補版』）

といった。

湯本から塔ノ沢までの道路開削は、『足柄新聞』の福澤の文章に刺激された塔ノ沢旅館経営者たちが担って、明治十二年に着工、同十五年頃に竣工した。こうして小田原から箱根湯本さらには塔ノ沢へ抜けるルートが完成したのである。

山口仙之助と富士屋ホテル

山口仙之助《せんのすけ》は、嘉永四(一八五一)年相模国橘樹郡大根村の生まれで、横浜の高島町にあった遊廓を経営する山口粂蔵《きゅうぞう》の養子になる。二十歳で渡米、明治七年に帰国後慶應義塾に学ぶ。同十一年、宮ノ下の不便なところにあった藤屋という旅館を買い取り、外国人旅行者のための本格的リゾートホテルである富士屋ホテルを開業した。同十九年には有志を募り、塔ノ沢~宮ノ下間約五・七キロメートル、幅五・四メートルの道路を開削し、人力車の通行を可能にした。道路開発事業はその後も地元有志に受け継がれ、明治三十七年五月、福住正兄が着手してから約三十年の時を費やして、小田原から箱根までを結ぶ道路は全て人力車が通行できるようになったのである。

福沢小学校・天福寺

箱根から少し外れるが、隣接する南足柄市千津島地区に**市立福沢小学校**と市立福沢幼稚園がある。また周辺には、福沢公園、福沢神社と、福沢と称する施設が複数ある。昭和三十年に四町村の合併により南足柄町が誕生するまでは、「福沢村」も存在した。

福沢村は明治二十二年までは千津島村と称していた。三田の臨済宗龍源寺の住職大島仁宗《にそう》和尚が、明治九年、六十五歳で隠居したのを機に、千津島村の臨済宗**天福寺**に住職として移住した。福澤は度々この寺を訪れ、地元住民との交流もあり、周辺の山野で狩猟を楽しむこともあった。町村制施行の際、合併でできた新しい村を福澤の名をとって「福沢村」と名付けたのである。

天福寺境内に現存する千津島観音堂は、明治二十四年に再建されたもので、その際に福澤が十円を寄付し、椿を植樹したとされる。福沢小学校には福澤の銅像がある。福沢神社は、明治四十二年に近隣十二社の合祀により起ったもので、ご神体は福澤ではない。幼少の頃、稲荷のご神体の石を取り換えるような迷信嫌いの福澤の名を冠した神社があるのもユニークではある。

いずれにしろ、福澤は箱根の地を好んだらしく、箱根滞

◉福沢小学校

◉福沢小学校　福沢像

在中の漢詩も三作ほど残している。そのうちの一つを紹介する。

乙酉五月塔澤浴泉中作　きのととりの五月塔ノ沢浴泉中に作る

紅塵纔拂出東京　紅塵わずかに払って東京を出ず
一日旅魂尚未成　一日にして旅魂なおいまだ成らず
半夜山風驚夢去　半夜山風夢を驚かし去れば
却疑門外馬車聲　却って疑う門外に馬車の声かと

（訳）都会の煩わしい俗事に悩まされていて、やっと東京を抜け出して箱根の塔ノ沢の温泉に来たが、来たばかりでまだ旅行気分になりきれずにいる。夜中に山の嵐が吹く音に夢を破られて、門外に馬車の響きがしたのかと思った次第である。

［大澤輝嘉］

銀座　木挽町・南鍋町

銀座は日本最大級の繁華街で、飲食店、百貨店、高級ブランド店などが立ち並ぶ。地名は江戸時代に設立された貨幣の鋳造所に由来する。明治維新後、横浜～東京間を結ぶ鉄道の終点新橋駅と、当時の東日本経済の中心地であった日本橋の間に位置する銀座が、文明開化の象徴的な煉瓦街として発展した。

木挽町《こびき》は、現在の中央区銀座一丁目～八丁目にかけての昭和通りを挟む東西の一帯を指した町名で、江戸初期に、江戸城大修理の工事に従う木挽き職人が多く住んだことに由来する。江戸時代からの劇場街で、平成二十四年現在改築中の歌舞伎座がある。福澤が藩命を受けて江戸に呼ばれた時訪ねた、中津藩上屋敷も木挽町にあった。

南鍋町《みなみなべ》は、銀座五丁目六番地～八番地にかけての旧町名で、幕府の御用鋳物師、長谷川豊後の拝領地とされたことから名付けられたとされている。

明治会堂・専修大学発祥の地

明治八年に三田演説館を開館した福澤は、慶應義塾外でも演説会場の必要性を感じていた。各種の演説会は、寺院あるいは料理屋の大広間で催される状況であった。同十三年、福澤は京橋区木挽町二丁目十四番地（現銀座三丁目十四・十五番地、歌舞伎座裏）の元東京府知事由利公正《ゆりきみまさ》の邸宅地を購入し、明治会堂を建てた。馬場辰猪や矢野龍溪、藤田茂吉らと共に発起人となり、二万円を共同出資した。設計は、福澤の父百助の妹、国《くに》の孫にあたり、工部大学校造家科を卒業した藤本寿吉であった。九月に始まった工事は奥平家出入りの棟梁がまとめ役となって進められ、十四年一月に落成した。瓦葺き木造二階建て、建坪六百二十平方メートルの擬洋風建築で、聴衆約千人を収容できる大講堂や食堂、会議室、事務室などを備えた。十五年の立憲改進党結党式や交詢社の大会もここで行われ、当時の東京唯一の公会堂として機能し、また演説家の檜舞台となった。

しかし、維持資金を含めて福澤の負債が増大し、また当時流行の政府反対演説に対する当局者の干渉も増したため、十五年末に岩倉具視《ともみ》の仲介で農商務省に売却してし

●安達吟光「明治会堂之図」［専修大学大学史資料課所蔵］

●専修大学発祥の地記念碑

まった。以後は集会所や商品陳列館などとして利用され、名称も「厚生館」となった。三十四年には旅館「厚生館」となったが、関東大震災で焼失してしまった。

　専修大学の母体は明治八年に日本人留学生によってアメリカ合衆国で結成された「日本法律会社」にまでさかのぼる。同十二年に「日本法律会社」に所属していた相馬永胤《ながたね》と目賀田《めがた》種太郎《たねたろう》は、京橋区に法律事務所を開設、そこへほぼ同時期に帰国した田尻稲次郎と駒井重格が住むことになり、アメリカ留学時代に構想していた法律・経済を学ぶ教育機関の設立へと動き出した。

相馬ら四名の構想に賛同した福澤や箕作秋坪は、自身の経営する慶應義塾や三汊塾《さんしゃじゅく》を教育活動の場として提供し、同年十二月に慶應義塾夜間法律科、翌十三年一月に三汊塾法律経済科が開設された。さらに高橋一勝、山下雄太郎らが経営する東京攻法館法律科を統合する形で、同年九月に専修学校が設立された。

仮校舎に当てたのは、後述する京橋区南鍋町の福澤所有の簿記講習所であった。一カ月後、明治会堂脇の明治会堂別館に本校舎を置き、本格的な授業を開始した。その後、明治十五年に神田区中猿楽町（現千代田区神田神保町）の現在の校舎に移転する。歌舞伎座裏の松屋通り沿いに**専修大学発祥の地記念碑**がある。

商法講習所・簿記講習所

明治七年十月、森有礼《ありのり》と慶應義塾出身の富田鉄之助は、福澤に商法講習所設立基金募集の趣意書の執筆を依頼した。快諾した福澤は、「商学校ヲ建ルノ主意」という一文を執筆し、外国商人に対抗するには商学校を設立して外国の商法を研究しなければならない、と述べた。

翌八年、森は日本初の近代的商業教育機関として、商法講習所を設立した。校舎は当初、銀座尾張町二丁目二十三番地（現銀座六丁目十番地、松坂屋付近）にあった鯛味噌屋の二階を使用したが、九年に木挽町十丁目十三番地（現銀座六丁目十七番地、新橋演舞場隣りの旧日産自動車本館）の新築校舎に移転した。この校舎は後身の東京商業学校に引き継がれ、神田一ツ橋に移転する十八年九月まで使用された。経営は森の手を離れ、東京商法会議所、東京府、さらに農商務省へ移管され、現在の一橋大学となったのである。移転後の木挽町の跡地には農商務省の庁舎が置かれた。銀座通りの

◉商法講習所の記念碑

松坂屋前に、**商法講習所の記念碑**が一橋大学によって建てられている。

明治十二年からおよそ三年の間、福澤の出資で、社中の丹文次郎の弟竹田等が京橋区南鍋町一丁目四番地(現銀座五丁目五番地)に簿記講習所を開設し、福澤の著作『帳合之法』などを教材とし、簿記法の普及を図った。開校の当日には、福澤、加藤政之助、吉良亨らの演説が行われた。入学生は五百名前後に達したと言われている。十三年九月には専修学校が開校するに当たり、仮教場として一カ月ほど提供され、十四年には慶應義塾で学び、歯科医になった小幡英之助の診療所が移転してきた。

日本最古の社交機関・交詢社と「時事新報」

交詢社は明治十三年、福澤主唱のもとに「知識ヲ交換シ世務ヲ諮詢《しじゅん》スル」ことを目的として結成された日本最古の社交機関である。創立の当初から一七〇〇余名の会員を擁していたが、これらは慶應義塾の卒業生に限らず、広く世間一般にその加入を勧誘したため、社員の職業で一番多いのは学者・官吏であり、続いて商業・農業の順となっていて、役員である常議員も二十四名中慶應義塾関係者は一二名に過ぎなかった。一月二十五日に芝区愛宕下の青松寺で発会式が行われた。

設立準備段階では、前述の簿記講習所に創立仮事務所が置かれたが、発会式前月の十二年十二月に、工部権大技長であった宇都宮三郎から京橋区南鍋町二丁目十二番地(現銀座六丁目八番地)煉瓦造り家屋二棟と付属家屋の寄贈の申し出があったため、ここを社屋とすることに決した。その後三十年代に増改築を繰り返し、敷地も拡大した。関東大震災で全焼したが、昭和四年に鉄筋コンクリート七階建ての「交詢ビルヂング」が再建された。この社屋は戦災を免れたが老朽化は否めなく、平成十六年に現在の建物に建て替えられた。

「時事新報」は、明治十五年三月一日、「我日本国の独立を重んじて、畢生の目的、唯国権の一点に在る」を掲げて創刊された。三田の義塾構内にあった社屋は、日本橋を経て、十九年十二月二十四日、南鍋町二丁目の交詢社の隣へ新築移転した。交詢社と時事新報双方から出入りできる食堂も建築された。

政治家・実業家はじめ諸方面で活躍する人士が集う交詢社は、福澤や社員にとって恰好の情報収集拠点となっていた。政府の内情、経済の実情、巷間の噂。あらゆる情報が集まる交詢社の隣地への移転は、時事新報社にとって、多くの利益をもたらすことになった。社屋はその後も増築を

◉交詢社社屋（大正期）［慶應義塾福澤研究センター蔵］

重ねたが、関東大震災で交詢社と共に焼失し、丸ノ内二丁目に移転した。

現存する最古の喫茶店、カフェーパウリスタ

パウリスタとは、ポルトガル語で「サンパウロっ子」との意味を持つ言葉で、明治四十四年に銀座に開業した、現存する最古の喫茶店である。創業者は、日本人のブラジル移民を初めて手がけた水野龍である。

水野は十八歳の時、郷里土佐から上京、二十一年に慶應義塾を卒業し、官界、政界への進出を試みるも断念する。当時、日露戦争後の多くの凱旋軍人が町に溢れる中で、深刻な就職難を解決しようと移民の必要性を感じ、四十一年、第一回の移民団長として、七八一人の日本人をブラジルへ移民させた。サンパウロ州政府よりサントス珈琲豆の継続的供与と、東洋における一手宣伝販売権を受け、京橋区宗十郎町（現在の西銀座六丁目）に**カフェーパウリスタ**を開業した。

その後間もなく南鍋町の時事新報社屋の向かいに移転した。三階建ての総面積約三百坪の白亜の洋館で、一、二階が喫茶店で、三階が事務所であった。ロココ調のモダンな造りで、大理石のテーブルやカウンターがあり、壁には鏡が張られていて、パリの老舗のカフェであるル・プロコプを模した斬新な喫茶店であった。

大正時代、パウリスタは文化活動の一拠点となった。水上瀧太郎、菊池寛、久米正雄、正宗白鳥、芥川龍之介、久保田万太郎、佐藤春夫、獅子文六、小山内薫、藤田嗣治などが常連であった。作家の小島政二郎は、

「私が慶応の学生になった頃、銀座にパウリスタと云うカッフェが出来た。コーヒーが一杯五銭という安値だった。その外、ドーナッツ、フレンチトーストというような食べ物もあり、どれも皆んな安かった。三田の学

生は、放課後塾から芝公園を抜けて、日蔭町を通って毎日のように銀座へ出た。パウリスタは、コーヒー一杯で一時間でも二時間でも粘っていても、いやな顔をしなかった。丁度時事新報社の真ン前だったから、徳田秋声や正宗白鳥なども、原稿を届けに来たついでに寄って行ったりした。私達文学青年にとって、そういう大家の顔を見たり、対話のこぼれ話しを聞いたりすることが、無上の楽しみだった」

と記している。現在は、銀座八丁目の資生堂パーラーの斜め前に店舗を移して営業を続けている。

ちなみに「銀ブラ」とは、一般には「銀座通りをブラブラ散歩する事」(『広辞苑』)と捉えられているが、大正初期に慶應義塾生たちが作った、「三田から銀座へブラリブラリと散歩する」あるいは、「銀座でブラジルコーヒーを飲む」の意の造語などの説もある。

［大澤輝嘉］

◉銀座周辺

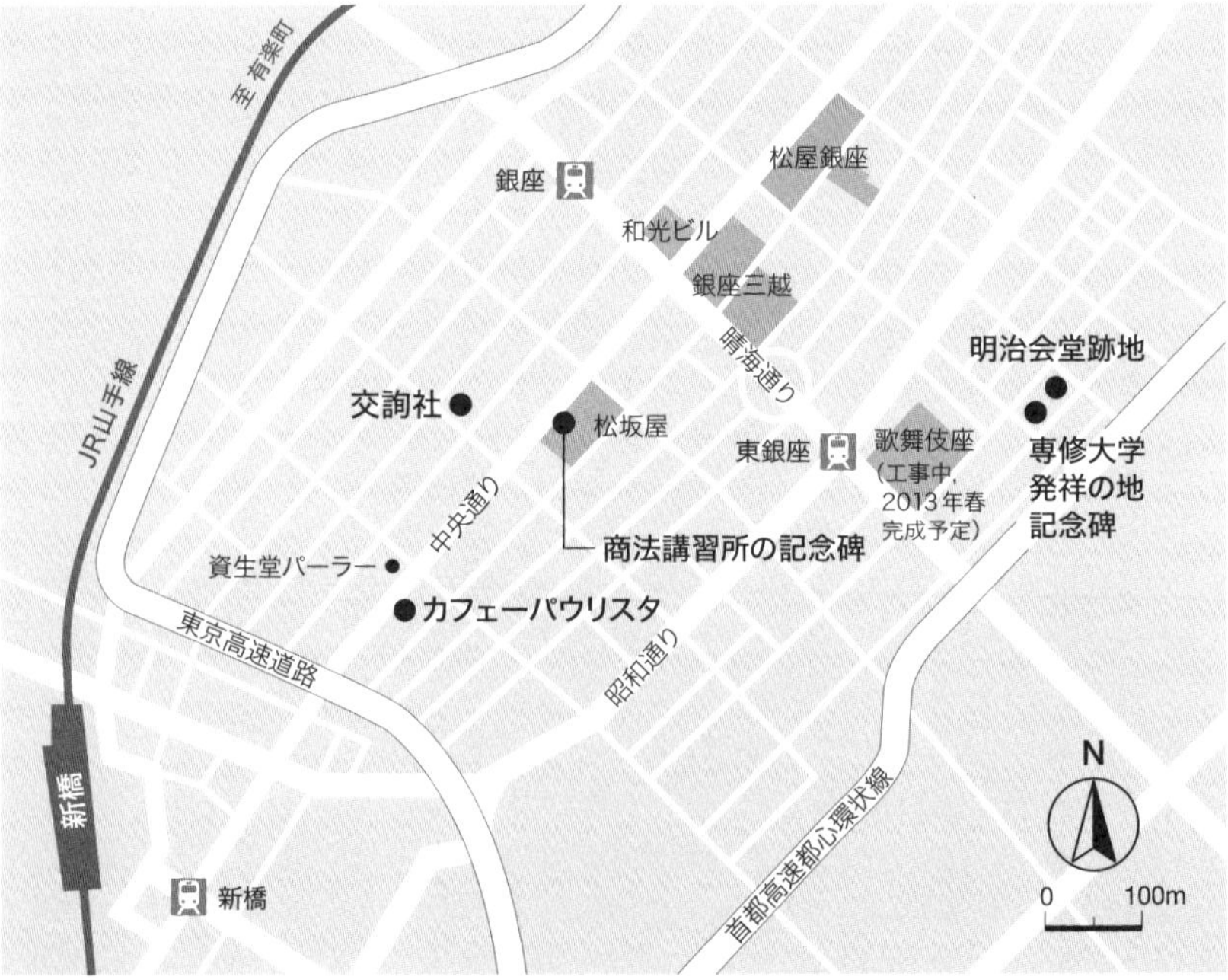

column

広尾別邸と福澤の散歩

　福澤は、自身の健康管理のために当時としては珍しく運動を積極的に行っていた。乗馬、居合、米搗き、散歩を好んでいた。乗馬は五十歳頃まで続けていたが、家族の心配などもあり止め、また晩年になって主治医から激しい運動は控えるよう指摘され、居合と米搗きも控えるようになったが、脳溢血発症後も散歩はほぼ毎朝欠かさなかった。早朝五時頃に三田の自邸を出発して、広尾、目黒、渋谷あたりの約六キロメートルの道のりを一時間から時には二時間ほどかけて歩いた。〝散歩党〟と称する慶應義塾の学生たちと福澤家の護衛を伴っていくことが多く、出発の際に玄関で銅鑼《どら》が鳴らされ、道すがら福澤に起こされる学生もいた。杖を片手に、鳥打ち帽、尻端折《しりばっしょり》に股引姿の福澤は、袂に入れた菓子を出会った子供に与えるなど、誰彼問わず人々との触れ合いを楽しんだ。また、歩きながらの話題はロシアの専制政治から、毎朝出会う少女の嫁入り先にまで及んだ。

　悪天候の日には、自宅裏手の馬場の跡に蓆を張って天井のある仮小屋をつくり、その中を往復して散歩の代わりにしていたという。『自伝』には、散歩に関する次のような漢詩が残されている。

一点寒鐘声遠伝（一点の寒鐘声遠く伝う）
半輪残月影猶鮮（半輪の残月影なおあざやかなり）
草鞋竹策侵秋暁（草鞋竹策秋暁を侵し）
歩自三光渡古川（歩みて三光より古川を渡る）

（訳）夜明けの寒そうな金の音が遠くから聞こえてくる。あけぼのの空に半月の姿がはっきり見えている。私は草鞋《わらじ》をはき竹の杖をついて、秋の朝の散歩に出る。三光町のあたりから古川を渡って歩いてゆくのだ。

　福澤は明治十一、二年頃に、麻布古川端（現在の港区白金五丁目）の土地を購入し、別邸とした。その地は、以前その地にあった蕎麦屋の名前から、通称「狸蕎麦」とも呼ばれた。ここにかつて一軒家の蕎麦屋があり、毎晩蕎麦を食いに来る客が置いていった代金が木の葉に変わるので、主人は狸が化けてきたのだと推察しながらも、相変わらず丁寧に対応したところ、店が次第に繁盛したという伝説に由来する地名である。福澤の散歩の道筋にあり、福澤自らが適所として選んだものであった。狸蕎麦の別邸、後に広尾別邸と呼ばれるようになった。

　湧水のある広大な日本庭園を有し、サツマイモのように東西に伸びた土地の中央に、三田の本宅を移して増築した和風の屋敷があり、中ほどの座敷には舞台があった。別邸では福澤家の子供たちが遊んだり、福澤が散歩の折に朝食を取ったり休憩するほかに、大人数の集会、園遊会、慶應義塾の同窓会などが開かれた。晩年の脳溢血の病後には、一時期ここに居住したこともあった。昭和十一年に**慶應義塾幼稚舎**に寄附され、福澤記念館として保存され、教室としても使用されたが、昭和四十一年三月に、首都高速道路建設により取り壊された。

［大澤輝嘉］

常光寺

福澤諭吉永眠の地

二月三日は福澤の命日である。毎年この日は、福澤の墓所の麻布山善福寺に、早朝から夕方まで墓参に訪れる慶應義塾の塾生らの列が絶えることはない。福澤の墓所が善福寺に移ったのは、昭和五十二年五月のことで、それまでは上大崎の**常光寺**にあった。

福澤諭吉先生永眠之地記念碑

福澤が歿したのは、二十世紀を迎えて間もない、明治三十四（一九〇一）年の二月三日であった。そして、二月八日、福澤の柩は、幼稚舎生から大学部までの塾生、卒業生、会葬者等からなる一万五千人の行列とともに、三田山上から表門（後のいわゆる幻の門）より三田通りに出て、赤羽橋、一の橋を経て、菩提寺の善福寺に運ばれた。そして、葬儀を終えると、柩と葬送の行列は更に三光坂、白金台町を経て、

◉常光寺墓参風景（昭和 43 年 2 月 3 日）［慶應義塾広報室提供］

常光寺のある上大崎は、品川区の北部に位置し、港区、目黒区、渋谷区との区境に接している。目黒通りが東西を横断し、山手線が南北を縦断しており、目黒駅がある。この地域の寺院群は芝増上寺下屋敷に由来し、幕末の江戸の七大荼毘所（火葬場）のひとつであった。

白金大崎村の本願寺の墓地まで進み、ここに埋葬されたのであった。

元々この地は、正福寺という芝増上寺の末寺があったが、廃寺となってその跡を隣の本願寺が管理していた。ところが、明治四十二年に、高輪泉岳寺の近くにあった常光寺が、正福寺の寺跡を譲り受けてこの場所に移って来たために、福澤の墓所も常光寺の境内の中に入ったのである。

現在、この墓所の跡には慶應義塾と縁の深い建築家谷口吉郎博士の設計による記念碑が建っている。正面には、

◉福澤諭吉先生永眠之地碑

福澤諭吉先生永眠之地と彫られ、左右に小さく「天保五年十二月十二日生」「明治三十四年二月三日死」と添えられた黒い石板がはめ込まれている。その右側には、

「明治三十四年二月福澤諭吉先生永眠のとき此處に埋葬せらる。先生の生前自ら選定し置かれし墓地なり。昭和五十二年五月福澤家の意向により同家の菩提寺麻布山善福寺に改葬せらる。よって最初の塋域を記念するため之を建つ。昭和五十三年五月十四日」

と記されており、裏面には、

「この記念碑は福澤先生夫妻の柩の上に埋められてあった銘板をモチーフとして谷口吉郎君により設計されたものである」

と刻まれている。

福澤家では、常光寺の敷地の一部になったことで宗旨の相違等による不都合や寺との行き違いが生じていたことから、菩提寺の善福寺に移転することになったのであった。しかし、福澤が埋葬されていた地であるし、義塾社中の人たちにとっては、塾生時代から、長年命日に墓参し続けてきた思い出深いところである。そこで、当時の塾長久野洋の発案を後任の石川忠雄が引き継ぎ、寺の協力も得て慶應義塾として記念碑を建てたのである。

幼稚舎創立者和田義郎碑

福澤は、朝の散歩を日課にしていたが、その時に、周囲が閑静で眺望が良いのを気に入ってこの地を自分の墓地として選んでいたという。当時は、隣の本願寺が管理しているというものの、廃寺の跡の空き地であったし、周囲も建てこんでいなかったから、坂の上のこの地からは遥か遠くまで見渡すことができたに違いない。

◉和田義郎の記念碑（現在）

しかし、福澤がこの地を選んだのには、幼稚舎の創立者、和田義郎の存在があったのではないか。福澤研究の第一人者であった富田正文も、

「先生の足をこの方向へ導いたもう一つの原因は、和田義郎の墓がここにできたからではなかったかと、私はひそかに思っている。…そこへしばしば先生の散歩の足が向いて、そこで自分もこの場所に墓地を作っておこうという気になったのではなかろうかと、私は推察してい

◉和田義郎旧墓

る」(「三田評論」昭和五十二年七月号)と述べている。

実際、小泉信三も、子ども時代に福澤の朝の散歩で、この地を訪ねた記憶がある。福澤は、長女の里の夫の中村貞吉が亡くなってから、遺された孫を不憫に思い、同じく、早くに亡くなった愛弟子小泉信吉《のぶきち》の子、信三少年とともに遊び相手になることがあった。

「お供は壮吉と書生一人と私とだけであった。…豊岡町から三の橋の橋際を左に折れて、そこにある竜源寺という寺に一寸立ち寄り、それからどの道をどう歩いたか、憶えないが、白金に出て、今、先生の墓のある大崎の常光寺(当時は本願寺)に行き、そこで小さな中村貞吉の墓にお辞儀した。それからそれより稍々大きい別の墓に詣り『これは和田(義郎)さんのお墓だ』と吾々にいってきかせた」(「わが住居」『思うこと憶い出すこと』)

と回想している。

和田義郎(一八四〇～一八九二)は、紀州和歌山の出身で、草創期の義塾に学び、明治七年、福澤の意を受けて、義塾の幼年生のために、和田塾、今日の幼稚舎を開いた。学問のみでなく、柔術の達人でもあり、福澤が理想とする「先《ま》ず獣身《じゅうしん》を成して後に人心《じんしん》を養う」の教育を実現した人であった。また、当時大半の生徒が寄宿している中で、夫人とともに、生活の全てに至るまで細やかに愛情を注いだ人でもある。

福澤が、如何に和田の人柄を大切にし、その死を嘆いたかは、福澤が「親友福澤諭吉、涙を揮て之を記す」として認めた墓誌に見ることができる。その中に次の一節がある。

「君の天賦温良剛毅にして争を好まず、純然たる日本武家風の礼儀を存す。在舎の学生曾《かつ》て叱咤《しった》の声を聞かずして能《よ》く訓を守り、之を慕うこと父母の如くにして、休業の日尚且《なおかつ》家に帰るを悦ばざる者あるに至る」

かつては福澤の墓碑と向かい合って立っていた和田の墓も、平成十四年に、青山墓地に移設された。しかし、右の福澤の墓誌が刻まれた碑は、記念碑として整えなおされ、常光寺に**幼稚舎創立者　和田義郎碑**として建っている。

小泉信吉《のぶきち》旧墓所

福澤による和田を追悼した墓碑は、和田の未亡人が小泉信吉を通じて所望したのに、応えたものである。小泉信吉と和田義郎は、ともに紀州和歌山藩の留学生として入塾しており、福澤塾の「姓名録」でも、慶應二年十一月二十八日の頁に二人の名を見出すことができる。

小泉信吉(一八四九～一八九四)は、慶應義塾で学んだ後に英国に留学。帰国後は、横浜正金銀行創立等の活躍を経て、義塾が近代的学塾への転換を図ろうとしていた時期の明治二十年から二十三年にかけて塾長を務めた。その後は横浜正金銀行支配人を務めていたが、和田の逝去から二年後の二十七年、腹膜炎で急逝した。

信吉が急逝した時、福澤は悲しみ、早速に、長文の弔詞を認めた。その中には、小泉の人柄が良く描かれている一節がある。

「その心事剛毅にして寡慾《かよく》、品行方正にして能《よ》く物を容《い》れ、言行温和にして自から他を敬畏せしむるは、正しく日本士流の本色にして、蓋《けだ》し君の少小より家訓の然《しか》らしめたる所ならん。その学問を近時の洋学者にしてその心を元禄武士にする者は唯《ただ》君に於《おい》て見るべきのみ。我慶應義塾の就学生、前後一万に近きその中に、能《よ》く本塾の精神を代表して一般の模範たるべき人物は、君を措《お》いて他に甚《はなは》だ多からず」

また末尾には、「福澤諭吉涙を払て誌す」とある。

信吉の墓所は、当初は横浜にあったが、福澤の歿後、常光寺に移転し、戦後、多磨墓地に移るまで、常光寺にあった。

信吉の孫で小泉信三の次女の小泉妙氏によれば、常光寺への移転は、信吉夫人の「恩師のおそばにいつまでもという気持ち、…祖母の願いであったに違いありません」（『父小泉信三を語る』）という。また妙氏は、父君が、和田のことを尊敬していたので、「うちのお墓参りはいつも先ず福澤先生のお墓、次に、和田先生のお墓へ廻ってから、うちのお墓に行くのでした」と回想している。

◉小泉信吉［慶應義塾福澤研究センター蔵］

鎌田栄吉墓所

福澤、和田義郎、小泉信吉、いずれの墓所も移転してしまったが、今なおこの地に眠るのが鎌田栄吉（一八五七～一九三四）である。

鎌田も和歌山の出身で、福澤最晩年の明治三十一年から大正十一年まで、二十五年にわたって塾長を務めた。その間、一貫教育の充実、図書館の建設、医学部の開設をはじめ義塾の拡充に多くの功績を遺した人であるが、特に大切なのは、自前の優秀な教員を育成するために、海外派遣留学生の制度を設け、その後の義塾を支える教授陣の輩出に至ったことであろう。また、独立自尊の精神を、年少の塾生にもわかりやすい表現で繰り返し説き、福澤歿後の義塾の気風を確かにした人でもある。

　鎌田は、入塾以来、小泉信吉に公私とも一番世話になったと自ら述懐していたという。また、孫で慶應義塾の塾監局長を務めた鎌田義郎氏は、栄吉が和田を非常に尊敬していたことから、「義郎」と名付けられたと語ったことがある。

　常光寺時代の福澤の命日には、善福寺のような幅の広い参道もないため、周囲の細い道に長い列が出来ており、その情景は味わい深いものであった。また、幼稚舎生を中心に、二本のお線香を求めて、向かい合っていた福澤、和田の二人のお墓にお参りする人も多かった。墓所は善福寺に変わっても、二月三日には、福澤と門下の人たちとの温かな関係にも思いを致したいものである。

［山内慶太］

◉福澤の墓前での鎌田栄吉
［慶應義塾福澤研究センター蔵］

◉白金台周辺

善福寺・龍源寺・重秀寺

福澤家ゆかりの寺

麻布は山の手の台地と谷地で起伏に富んだ土地である。麻布という字が当てられるようになったのは江戸時代の元禄期からといわれる。白金は、応永年間にここを開墾した柳下上総介が大量の銀を保有していたために白金長者と呼ばれるようになったことに由来する。麻布、白金、三田の台地の間を古川が流れている。

麻布山善福寺の歴史

麻布山善福寺は、天長元（八二四）年に弘法大師が西の高野山に模して東の麻布山として創建したと伝えられ、都内では金龍山浅草寺に次ぐ歴史を誇る寺院である。時代は下って鎌倉期、越後に流されていた親鸞が、許されて京に上る途中に善福寺に立ち寄った際、善福寺秀英の僧と呼ばれた了海上人が親鸞の教えに傾倒し、一山をあげて真言宗から浄土真宗に改宗し、現在に至っている。

戦国期には小田原の北条氏に対抗するほどの勢力を有し、織田信長の石山本願寺攻撃の際には、援軍を送り込んだ。江戸時代に入っても、三代将軍徳川家光の参詣があるなど、江戸きっての大寺・名刹であった。『江戸名所図会』の「麻布　善福寺」の項には、

「麻布雑色にあり。昔は亀子山と号しけるとぞ。親鸞上人弘法の地にして、当宗関東七箇の大寺の一員、了海上人開山たり」

とある。仙台坂下から麻布十番に抜ける門前の通りに、「雑式通り」の名が残っている。また、文中「昔は亀子山と号しける」とは、家光が、麻布山の山形から亀子山と命名し山号を麻布山善福寺から亀子山善福寺と改名させたことによる。家光歿後再び麻布山に戻ったが、その時の片鱗である「亀子山」の文字が現在も本堂脇の玄関の額や手水舎に見える。

安政六（一八五九）年になると、善福寺は初代アメリカ合衆国公使館として、タウンゼント・ハリス公使以下の館員を迎えた。その頃、尊皇攘夷を唱える水戸浪士一派の襲撃を受け、庫裏《くり》・書院などが焼失したが、その後も明治八年まで、公使館として利用された。

昭和十一年十二月十九日に、ハリスの通訳見習官を務め、面識のあった中で唯一の生存者であった益田孝が、日米協

会長徳川家達《いえさと》、藤原銀次郎等と、朝倉文夫作の**ハリス顕彰碑**を建立し、当時のグルー米国大使夫人の除幕で、内外数百名の参列者のもとに盛大に式典が行われた。しかし太平洋戦争が始まると当局より碑を撤去するよう命令があったが、当時住職であった麻布照海が碑に菰《こも》をかぶせて地中に埋めて、これを守った。昭和三十五年五月十二日、復元され、ダグラス・マッカーサー二世米国大使をはじめ多くの参列者のもと、再び除幕式が行われた。

◉善福寺（2月3日の福澤命日に訪れる人々）［慶應義塾広報室提供］

昭和二十年の戦災で、本堂をはじめ境内の建物全てが焼失した。現在の本堂は、徳川家康が京都に東本願寺本堂として建立し、その後大阪府八尾市の本願寺別院に移された建物をさらに移築したものである。境内には親鸞上人が土に刺した杖が根付いたと言われる、都内最大の銀杏で天然記念物の「逆さ銀杏」や、門前には弘法大師が錫杖《しゃくじょう》を刺して湧き出させたという「柳の井戸」などの名所もある。

福澤が善福寺の檀家になった経緯は明らかでないが、福澤家の宗旨が浄土真宗で、三田の自宅から近かったということも理由として考えられる。福澤は、善福会という信徒の組織を作るなど寺の発展にも貢献した。

福澤家墓地移転の経緯

明治五年七月、福澤の妻お錦《きん》が死胎の女児を分娩した。それまでに、一太郎、捨次郎、お里、お房の二男二女をもうけ、これは五度目の出産であった。福澤はその亡骸を三田古川橋の近くの**龍源寺**に葬り、正面に「自覚孩女」、左側面に「父福澤諭吉／母阿錦／明治五年七月二十二日死胎」と刻んだ小さな石碑を建てた。中津藩士であった福澤家は、福澤の代になるまで藩地の中津に墓所を持っていたので、これが東京における福澤家最初の墓地となった。福澤家の

◉龍源寺

宗旨は浄土真宗で、中津桜町明蓮寺の門徒であった。龍源寺は臨済宗妙心寺派の禅寺であって宗旨違いではあるが、江戸に知り合いの寺がなかったため、中津藩主奥平家と縁のある龍源寺に新墓地を設けたのであろう。その昔、奥平家が山形から宇都宮に移封された頃の領主昌章《まさあきら》が、この龍源寺住職伽山和尚に深く帰依していたので、それ以来奥平家から浅からぬ庇護を受けており、藩主の墓はなかったが多くの家臣藩士はこの寺を菩提所としていた。これに先立って福澤は、明治三年四月、新銭座に収容しきれなくなった五〇余名の塾生を受け入れる「外塾《そとじゅく》」を、龍源寺に設けている。

翌明治六年十一月、福澤はこの墓所に福澤家の略譜を記した福澤氏記念之碑を建てた。続いて明治七年五月八日、福澤の母お順が歿し、翌九日に同じく龍源寺の墓所に埋葬された。墓所までの葬列の際、福澤は黄八丈の着物にパッチを穿《は》き、尻端折《しりっぱしょり》で、一太郎、捨次郎の二子を伴ったと言われている。母お順の墓石には、「福澤百助之妻阿順之墓」と正面に刻し、側面には生死の月日、父、夫、子女の姓名がある。

明治十年、福澤家に死胎の男女の双子が生まれた。これを芝白金の臨済宗妙心寺派**重秀寺**の墓地に葬った。これはお順の歿後、「朱引き」という制度が出来て、皇居から一定距離の範囲内では土葬が禁じられたため、龍源寺に埋葬出来なかったからである。石塔には、「自音孩子」「自性孩女」と法名を彫った。次いで、明治十二年十一月六日、十九歳の時から九年間福澤家に奉公した下僕の勝蔵が、お里、お房の二人を人力車に乗せて牽《ひ》いている際、愛宕下近辺で心臓発作を起こして急死し、これも双子と同じ重秀寺墓地に葬った。従って、この時点で福澤家の墓所は二カ所存在していたわけである。

福澤は、新しい福澤家の墓所について気に掛けていた。ある時は、大阪、徳島慶應義塾に学んだ真浄寺住職寺田福寿を伴って、大森辺りまで墓地探しに行ったこともあったと言う。さらに、明治二十四年八月に東京市十五区と八王子市で土葬が禁止となり、菩提寺善福寺や龍源寺ばかりでなく、新たに設けた重秀寺でも土葬が出来なくなってしまった。そこで福澤は、日課の散歩の道筋にあり、初代幼稚舎長和田義郎の墓のあった、市外の目黒村大字上大崎の墓地を購入し、明治二十九年、龍源寺にあった福澤の母お順の墓、死産の女児の墓、福澤氏記念之碑、そして、重秀寺の墓を、全て上大崎の墓地に移した。これで東京にある福澤家の墓地は一カ所に纏《まと》まったのである（上大崎常光寺の墓地については、本文一〇二頁参照）。

福澤夫妻の墓

善福寺の福澤夫妻の墓碑正面の碑文は「福澤諭吉／妻阿錦／之墓」である。墓石に向かって右の側面には、「大観院獨立自尊居士／天保五年十二月十二日生於大阪／明治三十四年二月三日歿於東京／齢六十八歳」、左側には、「香桂院静室古錦大姉／弘化二年五月十九日生於江戸／大正十三年六月二日歿於東京／齢八十歳」と刻まれている。「大観院獨立自尊居士」という福澤の戒名は、小幡篤次郎が撰んだもので、明治三十一年、一回目の発病で殆ど絶望視された際、仏教の風習では戒名と言うものをつけるようであるが、福澤の思想性行を端的に表すには「独立自尊」の四字が最適であろうとのことで決めたと言われている。

福澤は生前自らの墓について、「父母のものと同じ大きさにして貰いたい」と家族、近親者に言っていたが、母お順の墓は、六〇センチメートルほどの小さなもので、それと同じでは後々慶應義塾関係者が墓参の際不都合も多かろうとの判断から、一般のそれと同程度の高さ一メートル強（約三尺五寸）の墓石となった。

◉福澤夫妻の墓

高仲万蔵・はな夫妻の墓

善福寺の墓所は、開山堂の前に東を向いて位置し、向かって正面に福澤夫妻の墓石、その右に母お順の墓、左手前に**福澤氏記念之碑**がある。

さらに墓所の右手前の角に、福澤夫妻の墓石の方を向いて建っている小さな墓碑がある。高仲万蔵・はな夫妻の墓である。はなは、お里が中村家に嫁ぐ時に雇って連れて行った女中である。明治二十八年、お里の夫である中村貞吉が歿したので、お里は二人の息子と女中のはなを伴って福澤家に戻った。その後、はなは福澤家の使用人である高仲万蔵と結婚して、晩年は広尾の福澤の別荘（現幼稚舎）に住み、その留守番のようなことをしていて、週に何回かは三田の福澤邸にも通っていた。

明治二十二年、福澤一家が上方に旅行した際、万蔵もこれに同道し、奈良の大仏殿にある柱の穴を見事潜り抜けたのを、福澤が「万蔵も首尾よくぬけたるは平生正直なるが故ならん」と書き残している。また、明治三十一年八月、福澤家の狂犬病に罹った犬が万蔵の左手首に噛み付いた際には、伝染病研究所に直ちに入院治療させている。その際、福澤自らが、万蔵を「忠僕」として丁寧な伝染病研究所宛の治療依頼状を書いている。

万蔵は明治四十三年に、はなは大正六年に歿している。ちなみに高仲万蔵の本名は「熊蔵」であったが、なぜか福澤家では「万蔵」と呼ばれていた。

［大澤輝嘉］

◉麻布・白金周辺

海外での足跡

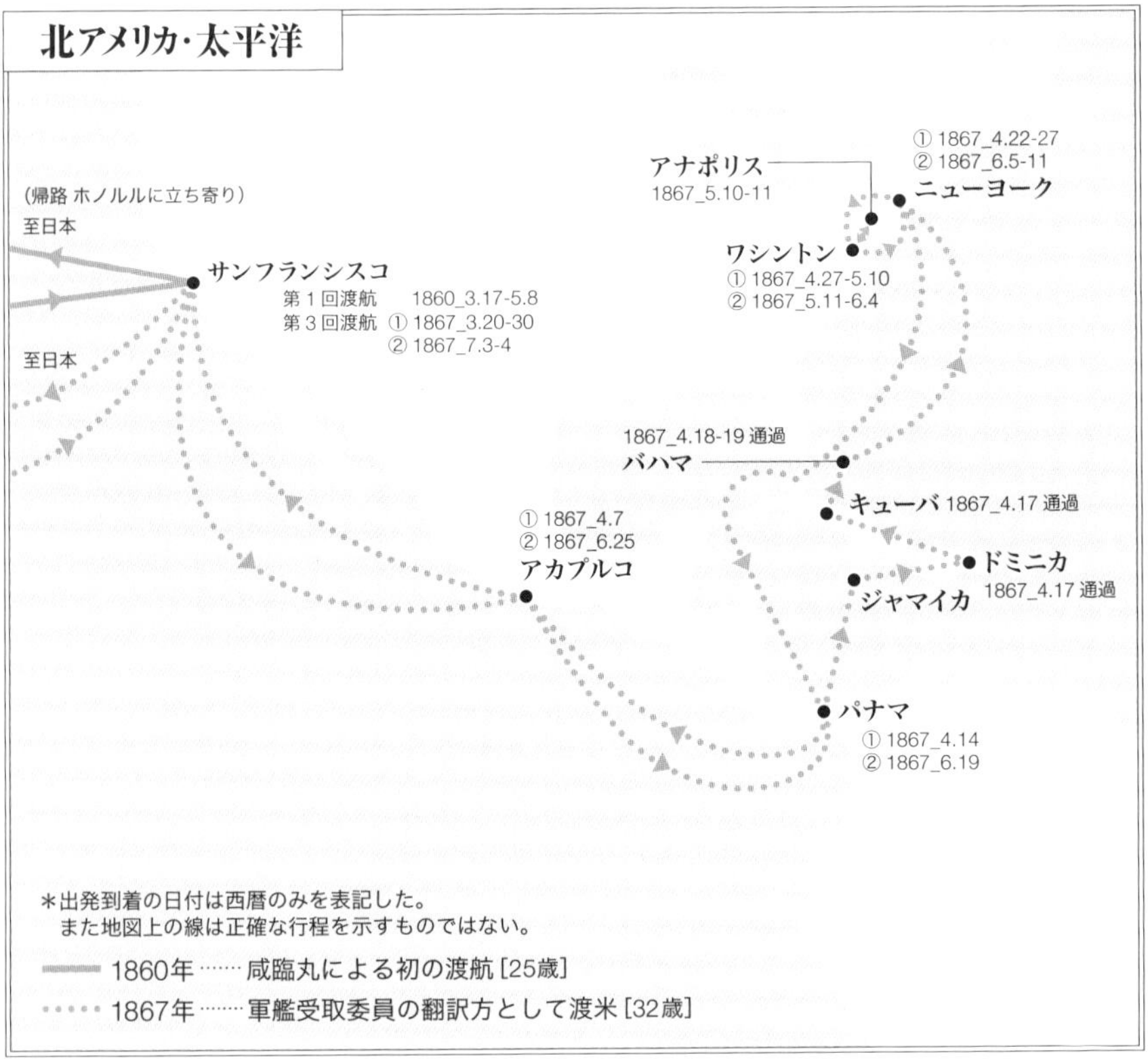

福澤諭吉の海外渡航

福澤諭吉は、二回アメリカに渡っている。一度目は、万延元（一八六〇）年、日米修好通商条約の批准書を交換するため、遣米使節団一行がアメリカ軍艦ポーハタン号で太平洋を横断する際の護衛を名目に派遣された咸臨丸に乗船しての渡米であった。この時福澤は、軍艦奉行木村摂津守喜毅の従者としての参加であった。往路の悪天候で激しく損傷した咸臨丸は、寄港地サンフランシスコで修理を受けた。その約二か月間、福澤は初の海外生活で異文化の洗礼を受ける。科学分野に関しては書物によって既知の事柄も多かったが、例えば、アメリカの人々が、初代米大統領ワシントンの子孫に関して何の興味も示さないことを、日本の将軍家と対比して驚くなど、様々な経験をした。一方で、地元の写真館の娘と共に記念写真を撮るなど、斬新な行動にも出た。

二度目は、慶応三（一八六七）年、幕府購入の軍艦の受取委員会の翻訳方として、郵便船コロラド号でサンフランシスコ、パナマ経由で東海岸まで行き、ホワイトハウスも訪問した。日本での英語による啓蒙教育の必要性を強く感じた福澤は、大量の書籍をニューヨークで購入した。帰国後、西洋旅行のための実践的なガイドブックである『西洋旅案内』を著した。

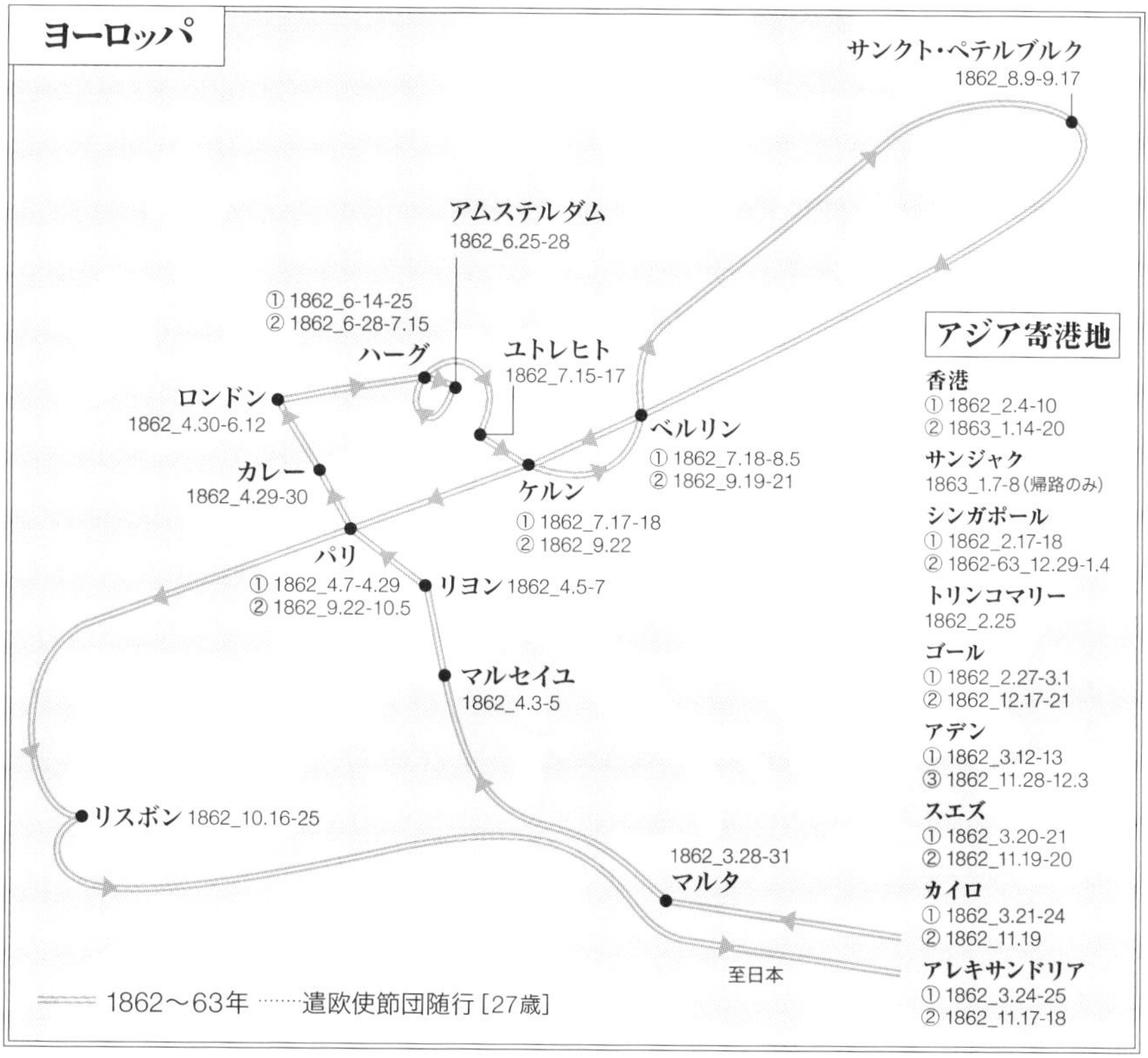

文久二（一八六二）年福澤は、開市、開港延期と樺太の国境確定交渉のため派遣された遣欧使節団の翻訳方として、英艦オーディン号で渡欧し、約一年間欧州各国を歴訪した。途上、立ち寄った香港で植民地主義、帝国主義を目の当たりにし、イギリス人が中国人を犬猫同然のように扱うことに強い衝撃を受けた。

シンガポールを経てインド洋、紅海を渡り、スエズ地峡を汽車で越え、地中海を渡りマルセイユに上陸。リヨン、パリ、ロンドン、ロッテルダム、ハーグ、アムステルダム、ベルリン、ペテルブルク、リスボンなどを訪れ、公務の合間を縫って諸施設を見学した。また、フランスの青年レオン・ド・ロニーと友好を結び、「アメリカおよび東洋民族誌学会」の正会員にもなるなど積極的に活動した。

病院、学校、銀行、郵便の運営法や、鉄道の敷設、徴兵制度、選挙・議会制度など、当時の日本人にとって未知で、かつ書物を通じては理解しにくい事項を詳細に調査した。パリで購入した黒革の手帳に、それら見聞したことを綿密に書き残した。日本に洋学の普及が必要であることを痛感した福澤は、前述の二度目のアメリカより帰国した後、この「西航手帳」と同じく旅行中に記した日記「西航記」などをもとに、『西洋事情』を著した。『西洋事情』は当時の多くの人々に読まれ、啓蒙的役割を果たした。

［大澤輝嘉］

咸臨丸

太平洋横断と数奇な運命

咸臨丸は幕府の船として初めて太平洋を往復したことから名を知られている。その関連史跡は、建造地オランダ、係留地長崎、渡航地サンフランシスコ、戊辰戦争で多くの犠牲者を出した清水港、終焉の地北海道木古内沖と広範囲にわたる。その度毎に修復・改造を繰り返したという点でも、幕末・維新の歴史に翻弄された船である。

咸臨丸の誕生

嘉永六（一八五三）年のペリー来航を契機に、国防上幕府は洋式近代海軍の必要性を認識し、安政元（一八五四）年オランダに二隻の軍艦を発注した。こうしてオランダでは、キンデルダイク（Kinderdijk）のスミット造船所でヤパン（日本）号が建造され、安政四年八月五日（西暦1857年9月22日）長崎に回航されてきた。ヤパン号は翌年十二月「咸臨丸」と名を改めた。咸臨とは『易経』から引用されたもので、「咸は〝みな〟と訓じ、気の相交わり和する義。臨は〝のぞむ〟と訓ず。咸臨は君臣互いに親しみ厚く情恰《あまね》きの至りなり」という意味である。

昭和四十四年、ロッテルダム海事博物館で咸臨丸の設計図が発見され、咸臨丸の詳細が判明した。咸臨丸は全長四九メートル、幅七メートル、排水量六二五トン、百馬力、大砲十二門、スクリューをもった三本マストの木造蒸気船である。百馬力といっても港の出入りなどに用いる補助機関で、通常の航海は帆走である。

咸臨丸に続いて同型艦エド号（朝陽丸）も安政五（一八五八）年五月三日に長崎に到着した。

キンデルダイク

幾分前のことになるが、平成五年夏、筆者はキンデルダイクを訪れた。直訳すると「子ども堤」となるキンデルダイクは、ロッテルダムの南東約十三キロに位置し、ノールト（Nord）川とレク（Lek）川の合流地点に当たり、今でも十九基の風車が存在する。これらの風車は、川より低い土地から川へ水を排出するためのもので、オランダで最も古い干拓地の一つアルブラセルワールトを水から守っていた。今では風車に代わってスクリュー型のポンプで排水を行っているが、一七四〇年代に作られた風車群は、平成九年世界遺産に登録されている。

ノールト川に面した所にスミット造船所がある。昭和四十五年頃、現在の近代的なドックが建設され、古いドックは残っていないとのことであった。会社自体はSmit Internationale N.Vという世界規模の会社になっており、ここでは船だけでなく干拓用ポンプをはじめ、各種機械を製作しているようであった。

渡米決定

安政五年に締結された日米修好通商条約の批准交換のため、安政七(一八六〇)年(三月十八日、万延に改元)正使新見豊前守正興《まさおき》をはじめとして七十七名の大使節団をアメリカへ派遣することになった。この遣米使節団と並行して、日本人によって日本の軍艦を派遣することが決定した。その目的は、正使一行の警護、また正使が万一の場合は当艦に乗り込んだ軍艦奉行が代行を務めるというものであった。しかし、真の目的は遠洋航海技術の実験、さらに太平洋横断の成功が近代国家へのステップになることを期待したものであった。そして咸臨丸がその役を担ったのである。

福澤は、蘭学者が集まっていた桂川家に出入りをしていた。蘭学医桂川甫周《ほしゅう》国興《くにおき》夫人が、咸臨丸渡米の責任者、軍艦奉行木村摂津守喜毅《よしたけ》の姉久迩《くに》であったことから、渡米を希望した福澤は、木村摂津守の私的な従者として、咸臨丸一行に加わることが許された。

咸臨丸出港

安政七年一月十二日夕刻、生還期し難く家族と水盃を交わした咸臨丸乗組員は、築地軍艦操練所から端艇で品川沖の咸臨丸に乗船した。そして翌十三日品川沖を出発、十五日神奈川港で座礁したブルック大尉他十一名のフェニモア・クーパー号の乗組員を横浜で乗せて出港、十六日に浦賀に入港した。食料や燃料の積み込みなど航海準備作業が執り行われ、十九日(2月10日)午後三時三十分浦賀を抜錨し、太平洋に乗り出していった。

現在、浦賀の愛宕山公園の中腹、港を見下ろすことのできる地に**咸臨丸出港の碑**が建てられている。この碑は昭和三十五年、日米修好通商百年行事の一環として建てられ、題字は当時の外務大臣藤山愛一郎が認めている。碑の裏面には、木村摂津守、勝麟太郎(海舟)他九十有余名の咸臨丸の乗組員の名が刻まれており、福澤諭吉の名も見ることが

◉咸臨丸出港の碑

できる。

ちなみに遣米使節一行は、一月十八日築地の軍艦操練所に集合し、品川沖に停泊中のアメリカ軍艦ポーハタン号に乗船、一月二十二日横浜港を出帆し、アメリカに向かった。芝増上寺前の芝公園に、**万延元年遣米使節記念碑**が植え込みの中に目立たず建てられている（六一頁参照）。この碑も日米修好通商百年記念行事の一環として、昭和三十五年六月に作られた。

サンフランシスコでの咸臨丸

咸臨丸は冬の嵐に遭遇しながらも三十八日間の太平洋の航海を終え、二月二十七日（3月18日）ゴールデンゲートの海峡を通過して、サンフランシスコ湾に入り、午後一時サンフランシスコ港ヴァレーホ街埠頭の沖に投錨、一行はヴァレーホ街埠頭より上陸し、初めてアメリカの土を踏んだのである。

ゴールデンゲートの南側、太平洋に面したリンカーン公園に**咸臨丸入港百年記念碑**（大阪市長　中井光次書）がある。この碑は昭和三十五年五月十七日、日米修好通商百年記念としてサンフランシスコと姉妹都市である大阪市が贈ったものである。大阪は、福澤が生まれ、適塾で若き血を沸かせた土地である。大阪とサンフランシスコがこのような縁にあるのも奇遇だが、太平洋を挟んで浦賀に「出港の碑」、サンフランシスコに「入港の碑」が向かい合うように存在しているのは、咸臨丸渡米の偉業を讃えるのに真にふさわしい。

三月三日、太平洋の荒波に揉まれ損傷を受けた咸臨丸は、修理のためメーア島海軍造船所に入渠し、乗組員たちはその官舎に宿泊した。太平洋からゴールデンゲートの海峡を入ると、南にサンフランシスコ湾、北にサンパブロ湾が広がっている。そのサンパブロ湾の北東隅、サンフランシスコから海路四〇キロの所にメーア島海軍造船所があった。

メーア島海軍基地は、一八五四(安政元)年九月十六日に太平洋岸で初めて設立された海軍基地であり、昭和六十二年に私が訪れた時は潜水艦基地になっており、入所は許可されるはずもなく、ナパ河対岸から二十一平方キロの広さがある基地の全容をうかがうに止まった。しかし、平成八年に基地が閉鎖され、現在は大学、商業・産業施設、政府団体などが入り、再開発が行われているが、昭和五十年に国の歴史的ランドマーク地区に指定されていたこともあって、**メーア・アイランド歴史公園**(Mare Island Historic Park)としてかつてのドックや建物も保存されている。

◉咸臨丸入港百年記念碑

入渠以来約四十日、破損箇所の修繕、帆の新調、マストの取り替え、塗り替え、磨き上げと大掛かりな修理が終了し、閏三月十二日咸臨丸はメーア島を出帆してサンフランシスコに投錨し、同月十九日(5月8日)サンフランシスコを出港し帰路に就く。ホノルルに寄港した後、万延元年五月五日(6月23日)浦賀に入港、翌日品川沖に投錨して咸臨丸は太平洋横断の航海を終えた。

三水夫の墓

咸臨丸がサンフランシスコに滞在中、二人の水夫が亡くなっている。一人は塩飽《しわく》広島青木浦出身の源之助で三月二日没、享年二十五。もう一人は塩飽佐柳島出身の富蔵で三月十日没、享年二十七。いずれも海員病院で亡くなっている。死因は定かではないが、勝海舟が「湿気、雨衣を透し」と記していることから、栄養不足の折、風雨にさらされて体温を奪われ、体力を消耗した結果ではないか。さらに咸臨丸出港十二日後の四月一日、長崎出身の火焚、峰吉

◉三水夫の墓

（三十七歳）が海員病院で亡くなっている。

この三水夫の墓は、サンフランシスコ西郊ローレルヒルの墓地に埋葬された。福澤の記した「慶應三年日記」二月十八日に「ブルックスと源之助、富蔵、峰吉の墓へ参る」と書かれている。福澤は二回目の渡米の折に、わざわざ**三水夫の墓**に詣でている。

三水夫の墓はサンフランシスコ市街の拡大に伴い、明治末期にサンフランシスコ南二〇キロ、町全体が墓地のようなコルマ（Colma）の1300 Hillside Boulevardにある日本人共同墓地に移転され現在に至っている。三水夫の墓は、現在三基並んでおり、右に墓石上部が円い源之助の墓、中央に一回り大きい峰吉の墓、左に頂部に鳥をかたどった富蔵の墓がある。どの墓も大理石で、片面に邦文、片面に英文が刻まれている。源之助の墓も富蔵の墓も、題字は咸臨丸艦長勝海舟によるものであるが、源之助の墓は福澤が設計したということである。

塩飽

サンフランシスコにある三水夫の墓に葬られている源之助、富蔵両人とも塩飽の出身であったが、咸臨丸に乗り組んだ五十名の水主《かこ》（水夫）の内、三十五名が塩飽諸島の出身である。塩飽諸島とは瀬戸大橋が架かっている西備讃瀬戸に浮かぶ大小二十八の島々をいい、現在の行政区分では香川県に属している。

塩飽諸島は、古くから塩飽海賊衆の根拠地で、室町時代には倭寇として活躍し、信長、秀吉は彼らを水軍として手中に収め、内海航路の優先権を保証した。秀吉の朝鮮の役にも出役している。太平な徳川の世となって塩飽船方衆と呼ばれた航海技能集団は、物資輸送の廻船業に従事するようになる。
慶長五(一六〇〇)年、関ヶ原の戦における塩飽水軍の功績に対し、家康から塩飽島中に、人名《にんみょう》と称された塩飽船方六五〇人に一二五〇石の領地を安堵するという内容の朱印状が下されている。即ち、塩飽諸島は藩にも天領にも属さず、島民による自治が認められていた特異の存在であった。しかし、御用船方として年貢米などの回漕、長崎奉行や朝鮮使節の送迎など幕府に奉仕する幾つかの役目が課されていた。従って、幕末の洋式軍艦運用にあたっても、塩飽船方衆の技術を評価して、咸臨丸に多くの塩飽水夫が登用された。

塩飽諸島の中心的役割を果たしている本島《ほんじま》へは、フェリーで四国側の丸亀から三十五分、本州側の児島から三十分で行ける。本島は周囲一六・四キロで、本島港に貸自転車があり、それを使用して島を巡るのがいい。

本島港から徒歩十分、宮ノ浜に人名から選ばれた四人の年寄が交代で政務をとった**塩飽勤番所**がある。勤番所は、寛政七(一七九五)年に建築され、文久二(一八六二)年に改築、明治以降は本島村役場、昭和二十九年に丸亀市に併合されて、市役所本島支所として昭和四十年まで使用されていた。昭和四十五年に国の史跡に指定され、昭和五十年より二年の歳月と七二四〇万円の経費をかけて復元工事が行われ、一般公開されるようになった。

一辺約四二メートルの土塀に囲まれた敷地を有し、長屋門を潜ると右手に番人部屋、正面に本館がある。本館は政務が行われていた所で、現在はここに、織田信長、豊臣秀吉・秀次、徳川家康・秀忠の朱印状をはじめ、塩飽関係の古文書、民俗資料が展示されている。なお、咸臨丸関係では、次のものが展示されている。高島清造がアメリカから持ち帰った新聞と水壜、石川政太郎の咸臨丸航海日誌、彼

◉塩飽勤番所

が持ち帰ったコップ、インクスタンド、油絵、サンフランシスコで写した松尾延次郎、向井仁助の写真、豊島兵吉が持ち帰ったコップ。

勤番所からさらに徒歩十分、笠島の集落は、出格子の表構えの家が立ち並んでいる。江戸時代の建物は十三棟、明治時代のものは二十棟あり、「伝統建造物群保存地区」に指定されているが、訪れる人は多くなく、静かな町並みである。シーボルトも寄港し、その造船所に感嘆したほどの良港であった笠島の港からは、塩飽諸島の櫃石島《ひついしじま》、岩黒島、与島に橋脚を置いた瀬戸大橋の全貌が眺められる。その眺めは、ますますこの島を時代から取り残していくように感じた。

この本島に咸臨丸が立ち寄ったことがある。文久二年八月十三日、オランダに渡る幕府留学生を長崎まで送り届ける途中、水夫に塩飽出身者が多いので、わざわざ本島に立ち寄ったのである。その様子が、

「島民は端艇に乗って群がり来り母は子を認め、婦は夫を認めて歓呼相応じ喜色満面に溢れて居った」

と『幕末軍艦咸臨丸』(文倉平次郎著)に記されている。

清水港での悲劇

慶応三(一八六七)年、かなりの修繕を必要とした咸臨丸は、蒸気機関を新調せずに取り外し、船体のみ修理された。軍艦籍より除かれ、帆船として運輸専用となった。

翌年、榎本武揚は明治新政府による武器・軍艦の引渡しを拒否し、蝦夷地に旧幕臣による新政権を樹立すべく、八月十九日、最新鋭艦開陽丸を旗艦とした八隻の榎本艦隊は品川沖を脱出、蝦夷に向かった。既に蒸気機関が取り外されていた咸臨丸は、軍艦回天丸に曳航されて出港したが、鹿島灘で台風に遭遇し、回天丸からの曳綱を断ち、メインマストを切断し、辛うじて転覆を免れ、漂流することとなった。常陸国那珂湊沖までたどり着いたが風向きが変わり、御蔵、三宅両島間を流れ、下田港に流れ着く。ここからは、河津港に避難していた蟠龍丸に曳航されて、九月二日に清水港に入港した。

九月十四日、新政府軍の富士山丸、飛龍丸、武蔵丸が清水港に到来、咸臨丸を砲撃した。戦闘能力のない咸臨丸は、白布を打ち振ったが、新政府軍は小銃を撃ちながら接近、抜刀して甲板に進入し、咸臨丸乗組員を殺害した。

新政府軍が咸臨丸を曳《ひ》いていったが、港内にはまだ屍が浮遊していた。賊名を負った屍を片付ける者はなく、船の出入りも絶え、漁もできずにいた。この時に乗り出したのが、侠客清水の次郎長こと山本長五郎で、彼は「己れは無学で官軍が善いか賊軍が悪いか、そんな事は知らぬ、己れ

は焚出しと人入れが商売だから御用を勤めたまでだ。併し主家のために死んだ屍を魚腹の餌に棄置くのを見て居るのは、持前として己れに出来ぬ」と言って死体を収容し、巴川と海との間にある洲で人家もない向島に埋葬した。明治三年の三周忌に次郎長は巴川に仮橋を架けて、町と向島を結び、山岡鉄舟揮毫の**壮士の墓**を建立し、冥福を祈った。現在、向島の洲は埋め立てで市街地に組み込まれ、巴川に架かる港橋から川沿いに約二〇〇メートル南へ下った築地町一番地に壮士の墓がある。

清水駅からバスで十五分、東海道に面した興津**清見寺**《せいけんじ》に、この事件に関して明治二十年に建てられた**咸臨丸殉職碑**がある。「骨枯松秀」の篆額は大島圭介、碑文は永井尚志、さらに背面には（現在はこちらが表のように設置されているが）榎本武揚による「食人之食者死人之事」（人の食を食む者、人の事に死す）という言葉が刻まれている。この言葉の出典は『史記』であるが、ここでは徳川の食禄を食《は》んでいた咸臨丸乗組員は、徳川のために殉じたという意味である。

明治二十四年、福澤は清見寺に詣でこの碑文を見て、旧幕府海軍を率いて脱走した榎本の明治政府での栄達ぶりを『瘠我慢の説』で次のように批判している。

「されば我輩を以て氏の為めに謀るに、人の食を食《は》むの故を以て必ずしもその人の事に死すべしと勧告するにはあらざれども、人情の一点より他に対して常に遠慮するところなきを得ず。古来の習慣に従えば、凡《およ》そこの種の人は遁世出家して死者の菩提を弔うの例もあれども、今の世間の風潮にて出家落飾も不似合とならば、ただその身を社会の暗処に隠してその生活を質素にし、一切万事控目にして世間の耳目に触れざるの覚悟こそ本意なれ」

木古内沖での終末

明治政府において咸臨丸は、大蔵省所管から明治二年九月北海道開拓使に移籍。明治四年九月二十日北海道開拓に赴く仙台白石藩の家臣団四百人を乗せて松島湾から小樽へ向かう途中、津軽海峡に面した木古内《きこない》町和泉沢沖で座礁、二十五日まで持ちこたえたがサラキ岬で沈没し、咸臨丸の最期となった。

昭和五十九年には、サラキ岬沖合から咸臨丸と思しき錨が引き上げられている。

現在、木古内町は、咸臨丸を観光テーマとして、八月には「きこない咸臨丸まつり」、五月には咸臨丸の故郷オランダに因んでチューリップフェアーなどが催され、「咸臨丸とサラキ岬に夢見る会」も組織されている。津軽海峡線泉沢

◉咸臨丸終焉の碑（木古内町）

駅・釜谷駅から徒歩二十五分の所にあるサラキ岬は、五万本が植えられているチューリップ園として整備され、ここに木古内町観光協会・咸臨丸とサラキ岬に夢見る会によって**咸臨丸終焉の碑**（平成十八年五月建立）や**サラキ岬に蘇る咸臨丸**（平成十七年五月完成）として咸臨丸をモデルにしたモニュメントが作られている。

　日本人による初の渡米という栄光を担った咸臨丸であったが、晩年は何とも哀れな境遇と末路であった。

復元咸臨丸

　長崎オランダ村（現ハウステンボス）が発注し、平成元年オランダのメルウェーデ造船所で復元咸臨丸が起工した。同船は、全長六六メートル、幅十・五メートル、五三九トン、ディーゼルエンジンをはじめ、人工衛星を使って通信できるシステムなど最新の装備が施されているが、形やマストは設計図に従って忠実に復元され、帆走も可能である。

　平成二年一月十六日、ロッテルダムを出港、パナマ運河を通過して、咸臨丸が太平洋を横断してサンフランシスコに入港した同じ日付、三月十七日にサンフランシスコに到着。太平洋を横断して、四月二十六日多くの観衆を集めて横浜に入港した。同船はチャーター観光船として数々のイベントに活躍していたが、平成十五年マレーシアに売却され、残念ながら姿を見ることができなくなった。

〔加藤三明〕

サンフランシスコ

初めての洋行の地

サンフランシスコはカリフォルニア州の北部に位置する都市であり、アメリカ西海岸を代表する世界都市の一つである。現在は日本から飛行機で九時間半程度で行くことができるが、福澤や勝海舟が咸臨丸で向かった時には、暴風雨の影響もあり、三十八日間かけてやっと到着したのであった。

ヨーロッパ人が、最初にサンフランシスコの地に入植したのは、スペイン人が一七七六年に入植した時である。一八二一年、スペインからのメキシコ独立戦争によってメキシコの一部となるが、米墨(アメリカ・メキシコ)戦争の結果、一八四八年、カリフォルニアがアメリカ合衆国に併合される。時を同じくしてサンフランシスコから東に一五〇キロ離れたシエラネバダ山脈の麓で金鉱が発見され、一八四九年には多くの人が押し寄せた。彼らを49ers(フォーティーナイナーズ)と呼んでいる。

このゴールドラッシュによって一八四八年に千人であったサンフランシスコの人口は、一八四九年には二万五千人へと一挙に膨れ上がった。以来、町は膨張を続け、一八六〇年の人口は六万人になっている。

福澤は、万延元(一八六〇)年に軍艦奉行木村摂津守喜毅《よしたけ》の従者として、慶応三(一八六七)年に幕府軍艦受取委員の一員として二度サンフランシスコを訪れている。

ピア9(九号埠頭)とメーア島

一八六〇年の時は咸臨丸で太平洋を横断した。サンフランシスコの咸臨丸関係の史跡として、前章で、**咸臨丸入港百年記念碑**(リンカーン公園)、**三水夫の墓**(コルマ日本人墓地)、**メーア島海軍基地**(メーア・アイランド歴史公園)を紹介したが、それに付記する必要のある咸臨丸の史跡をまず二つ紹介する。

サンフランシスコに到着した咸臨丸は、ヴァレーホ街(Vallejo St.)埠頭沖に投錨し、乗組員はこの埠頭から上陸した。埋立てによって、今の海岸線はかなり海側に張り出ており、ヴァレーホ街の先はピア9(Pier 9)となっている。二〇一〇年三月十七日、ピア9建屋入口前の歩道に**咸臨丸**

◉咸臨丸入港 150 周年記念銘板

入港一五〇周年記念銘板が埋められた。

メーア島海軍基地跡は、メーア・アイランド歴史公園(Mare Island Historic Park)として公開されている。二〇一〇年九月、当地を訪ねることができた。No.46 SMITHERY の建物が現在、咸臨丸の展示コーナーのある博物館になっているが、その入口上に"BUILT MAY 1855"と刻まれている。この他にも、No.71 STOREHOUSE と No.87 MACHINE SHOP がそれぞれ一八五八年完成の建物で、現存している。

これらは福澤が目にしたかもしれない建物である。福澤は、木村摂津守とともに将校用官舎に宿泊した。今 Officers' Row という通りには十三の元将校用官舎が並んでいるが、Officers' House(長官宅)の前に、「一八五六年四月に完成したが、一八九八年三月三十日の地震でダメージを受け、一九〇〇年に再建した」という内容が記された銘板が埋められている。地下室と基礎はオリジナルを用いて再建したが、建屋は現存するコロニアル様式のものに変わった。

モントゴメリー街

さて次に、万延元(一八六〇)年に福澤が訪れた箇所を紹介するが、一九〇六年のサンフランシスコ大地震などで、建物が倒壊、焼失し、現存するものはなく、一二九頁の地図で場所だけを確認しておきたい。

木村摂津守に同行して初めて上陸した時に休息をとり、メーア島の宿舎からサンフランシスコに出てきた時にも滞在したホテルが、**インターナショナル・ホテル**(International Hotel)である。ホテルはモントゴメリー街近くのジャクソン街(Jackson St.)にあり、一三六の客室をもつ当時の市内一流のホテルであった。福澤が敷き詰められた絨毯、シャンペンの音、コップに浮かぶ氷に驚いたのが、このホテルである。

　三月二日（3月22日）には市長主催による歓迎会が市役所で開かれた。当時の市役所は、ポーツマス広場（Portsmouth Plaza）前の現ヒルトン・サンフランシスコ・ファイナンシャルディストリクトというホテルがその場所に当たる。そして、歓迎会終了後の祝宴が、広場をはさんだ向かい側のジョブ・ホテルで行われた。ホテル跡には、チャイナタウンの店が立ち並んでいる。今は多くの中国系の人々が太極拳をしたり、息抜きをしたりするポーツマス広場であるが、一八四六年米墨戦争の時、ポーツマス号のモントゴメリー艦長が、サンフランシスコで初めてアメリカ国旗を揚げた場所で、その記念碑もある。モントゴメリー艦長から名付けられたモントゴメリー街（Montgomery St.）は、西のウォール街と呼ばれるファイナンシャルディストリクトを南北に貫く、今は落ち着いた雰囲気の通りであるが、当時はサンフランシスコ一の繁華街であった。

　写真屋の娘と一緒に撮った写真を帰路の咸臨丸で披露して、皆を羨ましがらせた話が『自伝』に載っているが（口絵参照）、その写真を撮った**ウィリアム・シュー**（William Shew）**写真館**は、一一三番モントゴメリー街にあった。モントゴメリー街の南端は、マーケット街との交差点になるが、そこから北に二ブロック目の左側、ブッシュ街（Bush St.）とサッター街（Sutter St.）の間にある“101”と地番が記してあるビル辺りに当たる。そしてモントゴメリー街を挟んだ向かい側、Bank of the West と City National Bank のある所には、二度目の滞在の時に宿泊し、四〇〇室もあった当時の一流ホテル、**オキシデンタル・ホテル**（Occidental Hotel）があった。

　また、サンフランシスコ市長を訪ねるため、木村摂津守のお供をして福澤が訪れた**ユニオン・クラブ**（Union Club）もカリフォルニア街とモントゴメリー街が交差する辺りにあった。

慶応三（一八六七）年の訪問

　一八六一年に開戦した南北戦争は一八六五年に終結し、その二年後の慶応三（一八六七）年に、福澤は二度目のサンフランシスコ滞在をする。福澤は以前と比較して
　「今茲《ことし》再其地に行て様子を見るに以前に一倍したる繁盛なり」（『西洋旅案内』）
と記している。参考までに一八七〇年の人口は、約一五万人になっている。
　この時の二月二十一日（3月25日）、福澤は三つの台場（砲台・要塞）を訪れている。まずは、サンフランシスコ沖二・四キロの所に浮かぶ、面積〇・〇七六平方キロの小島、**ア**

◉フォート・ポイント

ルカトラズ（Alcatraz）**島**である。一八五三年からサンフランシスコ防御のために要塞建設が始まるが、南北戦争後は要塞としての役割を終え、一八六八年から陸軍監獄となり、一九三四年から一九六三年までは連邦監獄として、アル・カポネやマシンガン・ケリーを収容し、脱出不可能な監獄として名を馳せた。今はピア33から観光船に乗って上陸し、監獄の建物などを見学でき、日本語の音声ガイドもある。

桟橋から上陸し、坂を登っていくと右側に一八五七年建設の衛兵所が遺っている。

　次は、海洋博物館の背後にある高台、フォート・メイソン（Fort Mason）の突端にある**ブラック・ポイント**（Black Point）である。現在は、海岸線が埋め立てられているが、かつては断崖の岬であったため、サンフランシスコ港防御のための軍事施設として最適な場所であった。一八五一年からこの地をアメリカ陸軍が管理することとなり、一八六一年に南北戦争が勃発すると、陸軍はここに一二門の大砲を配備した。フォート・メイソン地区は、一九七二年から公園として整備されており、ブラック・ポイントには大砲の台座と一門の大砲が遺されている。

　最後は、ゴールデンゲート・ブリッジの真下にある**フォート・ポイント**（Fort Point）という要塞である。一八五三年から一八六一年にかけて陸軍により建設され、五五門の大砲が置かれたが、一九〇〇年には砲台としての役割を終えた。フォート・ポイントは、内部見学が自由で、広く取った中庭の周りを三階建ての煉瓦造りの建物が囲い、海峡に向けて一二〇門の大砲が配備できるようになっていた。

　しかし、この三カ所どの砲台も実際に使用することなく、この手の砲台は南北戦争以後、その価値を失っていった。そして、現在はどこもゴールデンゲート・リクリエーション・エリアという国立公園の一部になっている。

福澤は二月二十四日(3月28日)に「金銀坐」を訪れている。それはゴールドラッシュの影響でコイン鋳造の必要性から、一八五四年に開設された**サンフランシスコ造幣支局**のことで、モントゴメリー街を北上し、コマーシャル街を左折した右側、現在、**太平洋文化遺産博物館**(Pacific Heritage Museum)の所にあった。

造幣支局は、一八七四年に現在オールド・ミント(旧造幣局)として博物館になっているフィフス街に移転、建物も一八七五年に壊された。今、同博物館一階の煉瓦造りファサードは、一八七五年に財務省分局として建てられたものを遺しており、そこには“SITE OF FIRST U.S. BRANCH MINT”の銘板がはめ込まれている。

［加藤三明］

◉アメリカ初の造幣支局の銘板

◉サンフランシスコ市内

ニューヨーク

有らん限りの原書を買う

国際都市ニューヨークは、世界の商業、ファッション、エンターテインメントの中心地である。移民の大量流入により、多様な言語、文化が交錯し、その動向が世界の経済、金融へも大きな影響を与えている。情報と交通が、二十四時間休むことなく摩天楼の下を行き交う、まさに眠らない街なのである。

福澤が、最初に米国を訪れたのは、万延元(一八六〇)年のことであった。この時は、正使新見豊前守正興ら一行はポーハタン号で太平洋を渡り、サンフランシスコから更にパナマ地峡を越えて東海岸に廻り、ワシントン、ニューヨーク等を訪れた。ワシントンでは、この使節の一番の目的である日米修好通商条約の批准書を交換した。また、ニューヨークでは大歓迎を受け、ブロードウェイを馬車で行進した様子などは、現地の新聞にも大きく取り上げられたのであった。

しかし、軍艦奉行木村摂津守喜毅、艦長勝海舟をはじめとする咸臨丸の一行は、アメリカ大陸はサンフランシスコに寄港、滞在しただけで帰国の途についた。従って、木村の従者として咸臨丸に乗り込んだ福澤もこの時は、サンフランシスコを訪れたのみであった。

その後、福澤は、文久二(一八六二)年、遣欧使節の一員としてヨーロッパの各地を訪れたが、更に三度目の外遊、二度目の渡米の機会が巡ってきた。慶応三(一八六七)年、幕府の軍艦受取委員一行に翻訳方として加わったのである。そして、はじめてニューヨーク、ワシントンの地を訪れることになった。

「繁華の地」

軍艦受取委員一行は、コロラド号で太平洋を渡った。太平洋を結ぶ定期航路の第一着として日本に来た船である。まず、サンフランシスコに逗留した後、パナマで下船、蒸気車で地峡を越え、今度はニューヨーク号に乗船してニューヨークに着いた。

ニューヨークも街の変貌は著しく、往時を偲ぶ建物はあまりない。しかし、福澤が『西洋旅案内』に記した情景を読むと、当時も現在も同じような「繁華の地」であり、往時の情景と今の光景を重ね合わせることができる。

『西洋旅案内』は以下のように説明している。

「ニウヨルクへ着すれば、市中の模様、宿屋の取扱なども、欧羅巴《ヨーロッパ》の諸国と同じことなり。この所は亜米利加合衆国の内、一番の大都会にて、……誰知らざるはなき繁華の地なり」

という。また、港の光景は、

「港には万国の商船檣《ほばしら》を連《つらね》て林の如く、川蒸気船の往来するは木葉の水に流《ながる》るが如し」

であり、街中の光景は、

「数十萬の人家五階六階に建ならび、間口数十間の大《おお》店《だな》に端物《たんもの》をかざりたる呉服屋もあり、手狭き店に金銀造の小道具又は袖《たもと》時計などならべたる小間物屋もあり」

等と記している。更に、その治安の悪さについても、次のように言及している。

「ニウヨルクの繁華は「ロンドン」「パリス」にもおとらぬほどにて、市中の混雑一方ならず、時々間違のことゞもあるに付、町々の取締厳重なれども、土地の繁昌するに従い自然に悪党も多く、夜盗、押込、すり、かたり、火附、人殺も間々あることなれば、初ての旅人は別して用心すべし」

◉メトロポリタンホテルから見たブロードウェイ（1860 年撮影）

ウォールストリート

三月十九日(旧暦)にニューヨークに着いた翌日から、二十四日にワシントンに発つまでの間、福澤は実務で多忙であった。「慶應三年日記」には、

「廿日　朝運上所へ尋問いたす」「廿一日　為替金等の事に付多事」「廿二日　同断」「廿三日　荷物請取方の事に付、尺、神野一同、ニューヨルクへ残る」

とある。つまり、通関と為替手形の換金で繁多な四日間であった。

ホテルはブロードウェイとプリンスストリートとの交差

◉「運上所」跡

点に面する位置にあるメトロポリタンホテルであった。当時は代表的なホテルの一つであったが、他の当時の有名なホテルと同様、今日では残っていない。福澤は、滞在中、ここからブロードウェイを南に下り、ウォールストリートを幾度か訪ねている。ウォールストリートの一角は、往時の面影を示す建物が今でも残っている。例えば、突き当たりにある**トリニティ教会**は一八六四年に建て替えられたものであるし、**フェデラル・ホール**は一八四二年の建築である。また、福澤が訪ねた**「運上所」**も残っている。

「運上所」とは、税関のことで、ウォールストリート五五番にあった。丁度、今のフェデラル・ホールの建物から移って間もなくで、一九〇七年新築のカスタム・ハウスに移るまで、ここにあったのである。

ギリシャ様式のデザインで、正面には四階分の高さの円柱が十六本連なっており、更に屋上には巨大なドームがついている建物であった。後に、First National City Bank に買い取られ、ドームが取り払われて、更に四階分の増築が行われ、上下に円柱が連なる形になった。その点では、往時のままではないが、十分に先生が訪ねた頃を偲ぶことが出来る建物である。

福澤は、ここでは、一行が持参した大統領や国務長官等への贈り物、各委員の携行品等について通関の手続きに苦労したのであった。

また、為替手形の換金でも苦労した。この渡米では、全ての公金も私金も為替手形で持って来ることにした。横浜の外国商会で手形にしていたが、船旅の万一を考えて勧められ、三枚の同一手形を作り、二枚を小野友五郎と松本寿太夫が携行し、もう一つは、次の便船で送ってもらうことにしてあった。しかし、銀行に行ってみると、二通では換金しない、三通揃わなければ換金しないと言われ、換金の為の交渉に時間を要したのである。

更に加えて、ようやく換金が出来たところで、荷物の運賃も含めて五百ドル持たせて、サンフランシスコから届い入れていた小使の英人に荷物の引き取りにやったところ、そのまま金を持ち逃げされるというおまけまでついた。

換金に苦労した銀行がどこかはわからないが、いずれにしても、福澤はメトロポリタンホテルからブロードウェイ、ウォールストリートの辺りを何度も往復したに違いない。なお、福澤はその往復での光景を次のようにも『西洋旅案内』で記している。

「表通の静なるは両替町なり。野菜山の如く、魚肉林を為して、人声の喧《かまびす》しきは市場なり。車に乗て芝居の番附を触《ふる》るもあり、四辻にほし見世を出して往来の人を招くもあり、市中を往来するには馬車に乗り、遠方へ行くには蒸気車に乗り、百里の路も日《ひ》返《がえり》にして、その便利なることは人に翼を附たるが如し。実《げ》に世間知らずの田舎者へこの有様を見せなば、人間世界とは思わざるべし」

因みに、この「野菜山の如く、魚肉林を為して」という市場は、フルトン魚市場（Fulton Fish Market）のことである。

ウォールストリートを東に進み、その端から岸に沿って北に少し上がると、この市場があった。なお、一八〇七年にこの地に建って以来、約二世紀に亘ってこの地で親しまれてきたこの市場は、二〇〇五年に郊外に移転した。しかし、周囲のSouth Street Seaportには観光客向けの店も多く、市場の跡もFulton Stall Marketとして、土日にはいろいろな店が集まって来て、楽しい一帯となっている。

アップルトン書店

福澤にとって、今紹介した為替や通関等が公の実務であったとすれば、私的な、しかし最も大事な目的には大量の書籍の購入があった。

ワシントン滞在中の日記にも「ニューヨルクより書林来り終日多用。Appletone & Co.」等の記載がある。このように、ニューヨークから離れワシントンに滞在中も、アップルトン書店から来た番頭を相手に書籍の選書、購入をしていた。福澤は、文久二年の渡欧で、日本の富国強兵には人物の養育が第一と心に決め、塾の経営を生涯の事業として心を定めることになる。そして、帰国後、塾の基礎を固めることに努めて来ていたが、大量の書籍の購入もその一環である。『自伝』でも、

「ところで旅行中の費用はすべて官費であるから、政府から受け取った金は皆手もとに残るゆえ、その金をもって今度こそは有らん限りの原書を買って来ました。大中小の辞書、地理書、歴史等はもちろん、そのほか法律書、経済書、数学書などもそのとき初めて日本に輸入

して、塾の何十人という生徒にめいめいその版本を持たしてりっぱに修業のできるようにしたのは、実に無上の便利でした」

とある。つまり、一冊の洋書を皆で写本してから会読するという教育方法から、同じ本を塾生それぞれが手に持って講義を聞くという授業を可能にするものであり、「福澤の洋学塾」から近代的な学塾への転換点でもあった。

アップルトン社は、当時業界第二位の地位にあり、教科書と百科事典の出版に力を入れると共に、『種の起源』(ダーウィン著)、『看護覚書』(ナイチンゲール著)、『不思議の国のアリス』(ルイス・キャロル)等、幅広い分野でベストセラーも出していた。

アップルトン社の全盛を築いた社屋はブロードウェイの三四六―三四八番地にあったが、福澤らが訪ねる直前に四四三―四四五番地に移っていた。今は既に会社も当時の建物も残っていない。しかし、茶箱十二箱分とも言われる大量の書籍の選書・購入をしている福澤の姿を想像すると、ニューヨークでの書店巡りも感慨深いものがある。

帰国後に食べたいもの

既に引用した「日記」には興味深いメモがある。「横浜着の節」として、うしお(すずきまたは黒鯛)、あらい(同上)、煮魚(鯛)、酢の物(海老防風)、茶碗(鰻の玉子蒸)、浸し物(ほうれんそう)、枝豆、鰻、等が書き連ねられているのである。『西洋旅案内』の序で、「余が性質旅行《ウマレツキタビ》を好み」と記した福澤であるが、それでもやはり和食が恋しくなるその気持ちを思い浮かべると感慨深いものがある。

◉ニューヨーク・マンハッタン南部

パリ
最初の欧州滞在地

華の都と称されるパリ、経済・文化・観光の中心都市である。セーヌ川がパリ市内を横断し、パリのセーヌ川岸は世界遺産に登録されている。パリではセーヌ川の北部を右岸、南部を左岸と呼んでいる。パリ市中心部にある川中島であるシテ島は、パリ市発祥の地である。福澤はじめ遣欧使節団最初の欧州滞在地であった。

パリは、文久二（一八六二）年に遣欧使節団の一員として、福澤が往路・復路合わせて延べ三十七日間滞在した地である。

当時のパリは、ナポレオン三世の帝政下で、セーヌ県知事ジョルジュ・ウージェヌ・オスマン男爵のもと、都市の全面改革中で、上下水道・公園・広場などを整備している最中であった。街の景観を保つことにも配慮がなされ、建造物の高さは一定までに制限され、パリは近代都市として生まれ変わった。現在のパリ市の姿は、ほぼこの時の状態を留めている。福澤も、

「其奇麗なること欧羅巴《ヨーロッパ》中の第一にて、即《すなわ》ち世界第一の都といふべし。市中の家は六階七階に立並《たちなら》び、夜分は往来に万燈を照らして昼夜の差別なく、其《その》繁昌華美なること譬《たとえ》んかたなし」（『条約十一国記』）

と記している。

大型一流ホテル　オテル・デュ・ルーブル

ルーブル宮殿北側にあるパレロワイヤル広場の東側、現在ルーブル古美術店のある建物の壁面、三・四階の間に、'GRAND HOTEL DU LOUVRE' の文字が僅かに残っている。福澤が文久二年三月九日（4月7日）リヨンより入京し、四月一日（4月29日）にイギリスに向けて旅立つまでの二十三日間逗留した、当時の**オテル・デュ・ルーブル**のあった建物である。

このホテルは、一八五五年、パリで最初に開かれた万国博覧会への多くの訪問客を迎えるため、ナポレオン三世の命令で、パリの実業家ペレール兄弟らが創業した高級ホテルである。ユダヤ系のサン・シモン主義者であったエミールとアイザックの兄弟は、一八五二年に零細資金をまとめ、投資銀行として運用するクレディ・モビリエを設立し、そ

◉オテル・デュ・ルーブル跡

れを資本にした鉄道敷設などの大規模事業で成功して、個人の資金に頼る金融財閥ロスチャイルドなどが経営する旧型の個人銀行の強力な競争相手となっていた。設計は建築家アルフレッド・アーマンドであった。

福澤が巡遊中に記した「西航記」に、

「館は王宮の門外に在り。巴理《パリ》府最大の旅館と云。六層楼を分て六百室となし、旅客止宿する者常に千人より下らず、婢僕《ひぼく》五百余人、其他《そのほかいし》衣肆、浣衣婦《かんいふ》、匠工等、此《この》館に属せる者ありて、日用の事物は悉《ことごと》く館内にて便ずべし。館内の各処に婢僕の居室あり。爰《ここ》より各室に伝信機《テレガラーフ》を通じ、客室内より婢僕を呼ばんと欲する時は、伝信機の線端を引て号《アイヅ》をなすべし」

とある通り、案内所、郵便局、電報室、さらに一階にはショッピング・アーケードを有する大型一流ホテルであった。

『自伝』には、前出の「西航記」を基にした記述に続いて、

「日本の使節などはどこにいるやらわからぬ。ただ旅館中の廊下の道に迷わぬように、当分はソレが心配でした。各室には暖めた空気が流通するから、ストーヴもなければ蒸気もなし、無数のガス燈は室内廊下を照して日の暮るるを知らず、食堂には山海の珍味を並べて、いかなる西洋ぎらいも口腹に攘夷の念はない、みな喜んでこれを味わう」

と、一行の驚嘆ぶりを紹介している。結局、日本から持参した金行燈《かなあんどん》や米の始末に困却し、接客係の下役にこれらを引き取ってもらったのであった。

さらに『自伝』には、使節の一人が扉を開け放ったまま用を足しているのを福澤が見つけ、慌てて戸を閉める話や、シガーとシュガーをまちがえて、煙草を注文したら砂糖が届くなどの珍談が披露されている。

使節一行訪問後、店舗部分の拡大により、ホテルは広場

◉1863年当時のグランドテル［『グランドテル130年史』より］

を挟んで西側の現在の建物に移転し、一八八七年営業を再開した。現在も'Hôtel du Louvre'の名前であるため、使節団が宿泊した建物と勘違いされることがある。一方、ルーブル百貨店となったパレロワイヤル広場東の建物は、一八七四年の百貨店廃業後再び改装され、一九七八年秋に美術品、骨董を扱う二五〇に上る専門店が入り、現在に至っている。かつて一階にあった馬車の出入りしていた中庭は、エスカレーターホールになっているが、吹抜けを覆うガラス屋根が往時を偲ばせている。

現在も残るホテル　グランドテル

使節一行が英・蘭・独・露を巡った後、ロシアから陸路でドイツを経て再びパリに入った八月二十九日（9月22日）から閏八月十二日（10月5日）にスペインに向けて出発するまでの二週間ここに逗留した。

この**グランドテル**は、当時未だ建築中であったシャルル・ガルニエ設計のオペラ座とオペラ広場をはさんで、その年の六月に新築・開業したばかりのホテルであった。資本は、オテル・デュ・ルーブルと同じペレール兄弟で、設計もまたアーマンドであった。同ホテルの『一三〇年史』には、土台のみのオペラ座を手前にして右手向こうに建つグランドテルの石版画が掲載されている。

「西航記」に、

「此《この》旅館は今般新《あらた》に落成せるものにて、大《おおき》さホテルデルーブルに等し。七層楼。室の数七百七十。別に大会食所あり。三百五十人一時に会食すべし。建造十八ヶ月にて始《はじめ》て成り、二千三百万フランク本邦二百三十万両許《ばかり》に当るを費《ついや》せりと云」

と記されている。このホテルは、これより五年後の一八六七年、パリ万国博覧会が開かれた時、使節として派遣された徳川民部大輔昭武の一行がやはりグランドテルに宿泊した際、宿泊料が高すぎたため、随員の大部分が他のホテルに移ったとのエピソードからも、当時から宿泊料も含めて別格であったことが分かる。

現在は、'Inter Continental Paris Le Grand Hôtel' と名を変えて、客室も含めて内装は大きく変化しているものの、その雄大で荘厳な外観はそのままである。

「西航手帳」を買った文具店

福澤は渡欧中パリで購入した「西航手帳」と呼ばれている黒革の手帳を手に、
「外国の人に一番わかりやすいことで、ほとんど字引にも載せないというようなことが、こっちでは一番むずかしい。だから原書を調べてソレでわからないということだけを(中略)ちょいちょいしるしておいて」(『自伝』)
それらをもとに、帰国後『西洋事情』を執筆した。

◉フォルタン文具店で購入した西航手帳（表紙）
［慶應義塾福澤研究センター蔵］

一八〇二年、エルヴェティウス通り六六五番地――現在のサンタンヌ通り四八番地――に小規模な文具店、「フォルタン商会」が開店した。経営者は、シャルル・フランソワ・オーギュスト・ダミアン、通称フォルタンという人物であった。一八三六年、フォルタンは、事業を息子のシャルル・アドルフ・マクシムに譲り、この息子が一八五一年にサンタンヌ通りからプティシャン通り五九番地に店を移した。その際、プティシャン通りに面した店舗部分しかなかった建物を拡大して、地下一階、地上七階のプティシャン通りと、ヴァンタドゥール通りの双方に面した店となった。

福澤が「西航手帳」を購入したのはこの、プティシャン通りにあった**フォルタン文具店**(Fortin Papeterie)であった。

当時の建物は現存しないが、現在は日本食店などが立ち並ぶサンタンヌ通りのフォルタン文具店創業の地と、それに程近いプティシャン通りの跡地を食後に訪れるのも一興ではないか。

店舗はその後、パリ第十一区のガムベー通りに移転し、'Fortin le Progrés' と社名を変え、さらに現在は、パリの北西部にあるクリシー市のメディリック通り三三番地に 'Fortin le Progrès Imprimerie Papeterie' の名前で、印刷用紙や事務機器の製作販売メーカーとして現存する。

東洋学者ロニとの交流

福澤が訪問した当時のフランスは、グノーの歌劇「シバの女王」が二月に初演され、ビクトル・ユーゴーの『レ・ミゼラブル』が六月に刊行されるなど文化的にも注目される時期を迎えていた。そんな文化人の中に東洋学者レオン・ド・ロニがいた。

レオン・ド・ロニは、フランス政府から、日本使節付きの通訳兼接伴委員に任じられ、福澤がパリに滞在中、多くの訪問先に同行し案内役を務めてくれた好人物である。彼は、東洋語学校でスタニスラス・ジュリアンに師事し中国語を学び、のち独学で日本語を習得したという奇才の持主であった。使節団がオランダ、ロシアへと旅程を進めるのを追って、ハーグやサンクトペテルブルグまで来訪するほど日本贔屓であった。

福澤が、ロニと交したやり取りが「西航手帳」に数多く残っている。これらをはじめとしてロニから得た知識が、帰国後『西洋事情』などの著作にまとめられていくことからも、彼らの出会いは重要な出来事であったと言えよう。使節団訪問翌年の一八六三年にロニが出版した『日本文集』

◉レオン・ド・ロニ
［『福沢諭吉の遺風』より］

に、福澤の記した俗歌、

「植て見よ
花のそたゝぬ里ハなし
こゝろからこそ
身ハいやしけれ」

が掲載されている。二人の交流の意義深さが感じ取れる。

ロニと訪れた植物園

パリ第五区にある植物園、**ジャルダン・デ・プラント・ド・パリ**(le Jardin des Plantes de Paris)。国王の主治医であるギィ・ド・ラ・ブロスの懇請により、ルイ十三世が一六三五年に王立薬草園と学校として設立したものである。十八世紀に入ると、同園は「王の庭園」とも呼ばれ、フランスの誇る博物学者ビュフォン伯が園長に就任した。ビュフォンは陳列館や講堂を建設し、巨木を移植し、並木道を整備した。十八世紀の末にはほぼ現存の施設が出来上がっていることから、福澤訪問当時の様子を窺い知ることの出来る貴重な史跡の一つである。

福澤は、ロニと、この植物園を訪問している。「西航記」には、

「薬園は唯《た》だ草木のみならず、禽獣魚虫玉石に至るまで、全世界の物品を集たる所なり。暖国の草木を養《やしな》ふには大なる硝子《ガラス》の室を作り、内に鉄管数個を横へ管内に蒸気を通し温を取る。故に此《この》硝子室内は厳冬も常に八十度以上の温気ありて、印度《インド》地方の草木と雖《いえ》ども能《よ》く繁殖す。禽獣魚虫も各々其性に随《したが》ひ之を養ふ。海魚は硝子器に入れ、時に新鮮の海水を与て、生《いき》ながら貯へり」

と記されている。帰国後に著された『西洋事情』にも同様の記述があるが、「薬園」ではなく、「動物園」・「植物園」と記さ

◉植物園のメキシコ温室

れている。

福澤の見た温室は、フランスにおける金属建築の先駆者ロオル・ド・フリュリが設計したメキシコ温室や、オーストラリア温室と思われる。広い園内に佇むその姿は、一四〇年前と変わっていない。

マドレーヌ寺院

ブルボン王朝末期に建設が開始されたが、フランス革命により中断し、さらに建設が再開されるとナポレオン一世の命令でフランス軍戦没将兵顕彰に造営目的が変更され、一八四二年に完成。この時すでにナポレオン失脚後であったため、ルイ十八世によってカトリック教会に用途が変更された。結果、壮大な古代ギリシャ建築風のカトリック教会という珍しいパリ名所が誕生した。

福澤は、

「マデレナと云る寺院を観る。此《この》寺は第一世ナポレオン帝工を起し、今より十八年前始《はじめ》て落成せり。柱壁共に石を以《もっ》て造れり。最も壮大なり。寺中大理石の像あり。高さ二丈、巾二丈、人物六個竝《ならび》立てり。此《この》大像一塊石にて刻成せり」(『西航記』)

と記している。

国立図書館

『西航記』に、

「羅尼《ロニ》と共に書庫を観る。巴理《パリ》に書庫七所あり。今日所見は最大なるものなり。書籍百五十万巻。此書を一列に竝るときは長さ七里仏里法なるべしと云」

とある。有名な連続する丸天井の大閲覧室はアンリ・ラブルーストの設計によりまさに建築中(一八六七年完成)で、福澤がロニと訪れたのはロベール・ド・コットが設計した建物であった。

福澤は、このパリの**国立図書館**(Bibliothèque Nationale)の他に、ロンドンとサンクトペテルブルクで「書庫」を見学している。それらの見聞をまとめて、『西洋事情』で以下のように記述している。

「西洋諸国の都府に文庫あり。『ビブリオテーキ』と云ふ。日用の書籍図書等より古書珍書に至るまで万国の書皆備《そなわ》れり、衆人来りて随意《ずいい》に之を借りて読むべし」

現在は、パリ一三区のベルシー地区(トルビアック地区)にある本館が、一九九六年に一般公開され、旧館となったリシュリュー通りの建物には、国立図書館のうち、版画・貨幣などの資料を管理する部門と、古文書学校附属図書館、国立美術史研究所の三館が入居している。

フランス学士院

フランス学士院（Institut de France）は国立の学術団体。絶対王政下の十七世紀に、アカデミー・フランセーズなどの団体（王立アカデミー）が設立されたが、フランス革命後の一七九三年、いったん廃止された。二年後に再度創立された当初はルーヴル宮殿内に置かれたが、一八〇五年にナポレオン一世が現在の場所に移した。

◉フランス学士院

建物はヴェルサイユ宮殿も手がけたル・ヴォー設計の十七世紀のもので、当時宰相だったマザランの、フランスに併合された四つの地方から来た学生たちを受け入れる施設をつくりたいという遺言にもとづいて設立された学校、'le Collège des Quatre-Nations'のために建設された。

「学校に行く。校の名をインスチチュー・デ・フランスと云《いう》。此《この》学校は小童の為《た》め設るものにあらず、老先生の集合する所なり。社中四十人ありて其《その》員を増すべからず。若《も》し欠員あれば欧羅巴《ヨーロッパ》にて最有名なる老学先生を挙て之を補ふ。此《この》社中に入るは欧羅巴にて最も難きことにて、既に其員に加るときは世人に尊敬せらるること朝廷の宰相の如《ごと》し。第一世ナポレオン帝は此社中たり。今の佛蘭西《フランス》帝も社中に入らんことを望めども、之《これ》を許さずと云」（「西航記」）

と紹介されている。

ちなみに、福澤は、維新後の一八七九年一月に東京学士会院が設立されると、その初代会長に選ばれている。

ラリボワジエール病院

「西航記」には以下の記述がある。

「朝第十時病院を観る。巴理《パリ》府に病院大小十三処あり。

本日観るものは最大なるものにあらず。院中二部に分れ、一部は男子を居き、一部は婦人を居く。各部分て九室となし、一室に三十二床あり」

と記されているのみで、何処の何という病院を訪ねたのかという記録は残していない。しかし、山口一夫氏の研究で、当時の新聞記事などから、この病院は**ラリボワジエール病院**であることが判明している。病院訪問の二日前に使節団の代表がナポレオン三世への謁見を済ませ、団員の外出が許されたのか、福澤はこの病院見学を皮切りに精力的に諸施設の見学の作業に取りかかったのであった。欧州最初の訪問先が病院であったことは、適塾に学び、数理学の重要性を説いた福澤の人生と浅からぬ因縁を感じずにはいられない。

病院正面の門には、"HOSPITAL LARIBOISIERE"の名が掲げてあり、その上には一回り小さな文字で、"LIBERTE EGALITE FRATERNITE"（自由、平等、博愛）の文字がある。一八四六〜五三年にかけて建設されたとの説明が、脇の鉄柵前にある看板から読み取れる。院内に入ると、「西航記」にあるとおり、正面の時計台を中心に、ロの字型に中庭を取り囲むように建物が建っている。

［大澤輝嘉］

◉ラリボワジエール病院

◉パリ市内

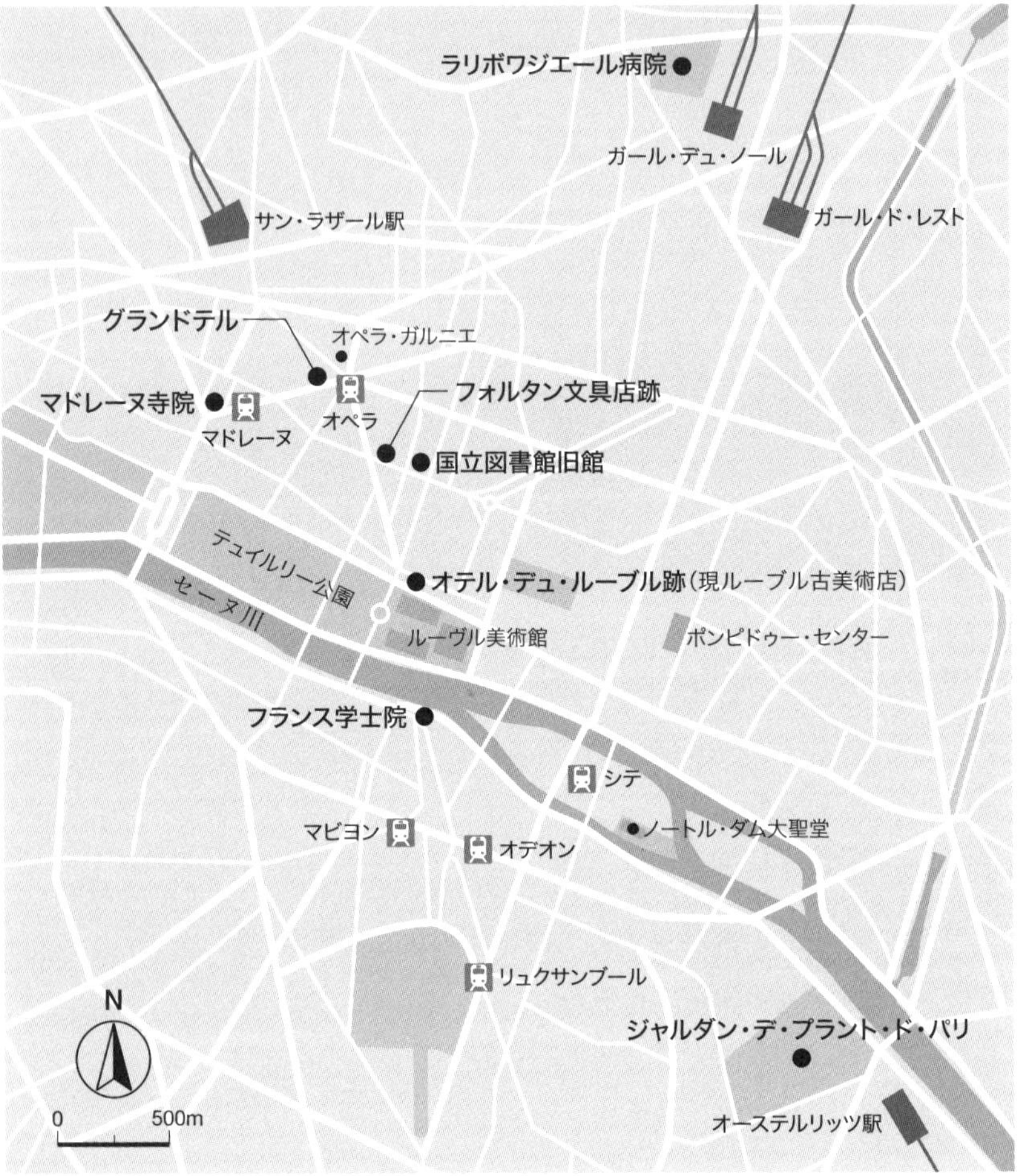
ラリボワジエール病院
ガール・デュ・ノール
サン・ラザール駅
ガール・ド・レスト
グランドテル
オペラ・ガルニエ
マドレーヌ寺院
オペラ
マドレーヌ
フォルタン文具店跡
国立図書館旧館
デュイルリー公園
セーヌ川
オテル・デュ・ルーブル跡（現ルーブル古美術店）
ルーヴル美術館
ポンピドゥー・センター
フランス学士院
シテ
マビヨン
オデオン
ノートル・ダム大聖堂
リュクサンブール
N
ジャルダン・デ・プラント・ド・パリ
0
500m
オーステルリッツ駅

ロンドン 1

テムズ川流域

テムズ川は全長三四六キロメートル。ロンドンの中心部を西から東に蛇行しながら流れ、イギリスを代表する河川のひとつである。ロンドンを海と結び、十八世紀に大英帝国の貿易の中心だった時には、世界でもっとも交通量の多い川であった。今もロンドン市民の生活風景の一部となり、愛されている。クルーズ観光も盛んである。

文久二(一八六二)年、遣欧使節団の一員として渡欧した福澤は、パリを出発し、その行程中最も長い四十五日間をロンドンに滞在した。当時の英国は、ビクトリア女王の治世下であった。大学における科学の知的専門職が増えると共に、多くの紳士たちが博物学に身を捧げた結果、今日のように科学が学問分野となるまでに成長した。産業の面では、蒸気機関を中心とする産業革命が大衆の生活にまで浸透したが、一方では、福澤も注目した通り石炭の煤煙による環境汚染が問題になりつつあった時期でもある。

福澤はロンドンで、病院・学校・福祉施設・交通機関など、都合十九カ所もの施設を見学している(地図は一六六頁)。

ロンドンドック跡、セントキャサリンドック

福澤は「西航記」で、ドックに関して以下のように記している。

「ロンドンドックに行く。ドックは、河畔を掘り池の如くなし、水門を造り、河に通じて、商船を入れ、池の周囲にエンテレポット(蔵の義)を建て、船を近く岸に着け、荷揚げを便にするため設る者なり。テームス河畔にドック五所あり。第一カーゼラインドック、第二ロンドンドック、第三コムメルシールドック、第四ウェストインヂヤドック、是《これ》なり。ロンドンドック最大なり。広さ百エコル、船五百隻を納るべし。周囲にあるエンテレポットえは二十三万トン(一トンは二百六十貫余)の物を置くべし。千八百五年之を造り、四百万ポンドを費せしと云。都《すべ》てドックも皆商人社中の所持にて、政府えは定限の税を納《おさむ》るなり」

ここで「カーゼラインドック」と記されているのが、現存する**セントキャサリンドック**(Saint Katharine's Docks)である。

◉ロンドンドック（1845年）［The Illustrated London News より］

ロンドンドック(London Docks)は、一八〇二年、西をトーマス・モア通り、東をニュー・グラーベル・レーン、北をペニントン通りに囲まれた一帯に建設が開始され、一八〇五年に完成した。ロンドンでは一八二〇年代から、世界中から象牙、大理石、毛糸、ゴム、ワイン、茶、煙草などを満載した帆船がテムズ川岸に設けられたドックに数多く入港するようになった。当時、ドックは荷揚げ場・貨物の集積場・乗船場・造船所としての役割をあわせ持っていて、交通・物流の中心的存在であった。一八二八年、テムズ川沿いにあった住宅と病院を多額の資金を投入して移転させ、二年半の工期を費やして、セントキャサリンドックが建設された。しかしその後テムズ川を遡れない大型の貨物船が就航し、海岸沿いの港から陸揚げされたコンテナの鉄道による陸路の輸送ルートが主となり、テムズ川沿いのドックはその流通上の役割を失っていった。一八六四年には財政難から、ロンドンドックとセントキャサリンドックは合併した。

　その後ドックランズ地域は、ロンドンドックランズ開発公社の土地買収と再開発により一大商業地区に生まれ変った。現在、セントキャサリンドックはその名残を留めているが、ロンドンドックは残っていない。ロンドンドックとセントキャサリンドックの間のトーマス・モア通りの東にあったロンドンドックは埋め立てられ、商用地や集合住宅となっている。セントキャサリンドックも、小型のレジャー用船舶が係留されるヨットハーバーとして、その倉庫は店舗や事務所として再利用されている。

武器庫だったロンドン塔

「タヲエルの武庫を見る。武庫はテームス河の北岸ロンドンドックの近傍にあり。此庫《この》には、大砲の外都《すべ》て軍用の物品備はらざるものなし。小銃剣鎗、士卒の衣服及飲食の器具等、一々用意し、事あれば即時に輸送すべし。小銃の数十八万挺、他品之に準ずと云」と福澤は「西航記」に記している。

福澤訪問当時武器庫として使われていた**ロンドン塔**(Tower of London)は、一〇七八年、フランスから渡ってきたノルマンディー公ウィリアム一世が、ロンドンを守るための要塞として、街とテムズ川を見渡す位置に砦を築いたのが始まりである。その十年後には、石造りの塔が完成し、タワーオブロンドンと呼ばれるようになった。その後王室の居城として拡大され、中心の塔はホワイトタワーと呼ばれ、タワーオブロンドンの名は要塞全体を指すようになった。その約百年後ヘンリー三世の時、さらなる拡大工事が施され、倍増した敷地には宮殿をはじめとして動物園までが新設された。しかし、周囲に濠をめぐらせた中世的な城は、戦争の少なくなった十六世紀にはもはや旧時代の遺物となり、エリザベス一世時代以降は主に国事犯を収容する牢獄として使用され、幾多の人々が投獄・処刑された。天文台や貨幣鋳造所になったこともある。

現在も英国王室が使用している宮殿であるが、ロンドン観光の目玉になるほど観光客も多く、内部にある建物の幾つかは世界最大のダイヤモンド「偉大なアフリカの星」など様々な歴史的展示物を陳列して、見学できるようになっている。ちなみに、ロンドン塔脇のタワー・ブリッジは一八九四年の建造であるため、福澤訪問当時その雄大な姿は見られなかった。

テムズトンネルとブルーネル博物館

地下鉄イーストロンドン線のテムズ川南岸にあるローザハイス駅と北岸のワッピング駅を結んでいる隧道《ずいどう》がある。世界で最初にシールド工法で作られ、かつ初めて河川や海等の水の底を通った全長三六〇メートルのこの隧道は、福澤訪問当時、人間が徒歩で通る**テムズトンネル**(Thames Tunnel)という地下道であった。

技師マーク・ブルーネルが、自ら発案したシールド工法で一八二五年に着工。五回の大きな浸水が起きる難工事の間、技師長としてマーク・ブルーネルの息子イザンバードを迎え、六〇万ポンドを費やし一八四三年に完成した。しかし、本来なら馬車が通れる規格であったが、スロープの取付け工事が行われなかったため徒歩での通行に限られていた。一方で観光地としての人気は高かったようで、毎年定期市がトンネル内で催され、第一回万国博覧会の際は博

◉現在のテムズトンネル

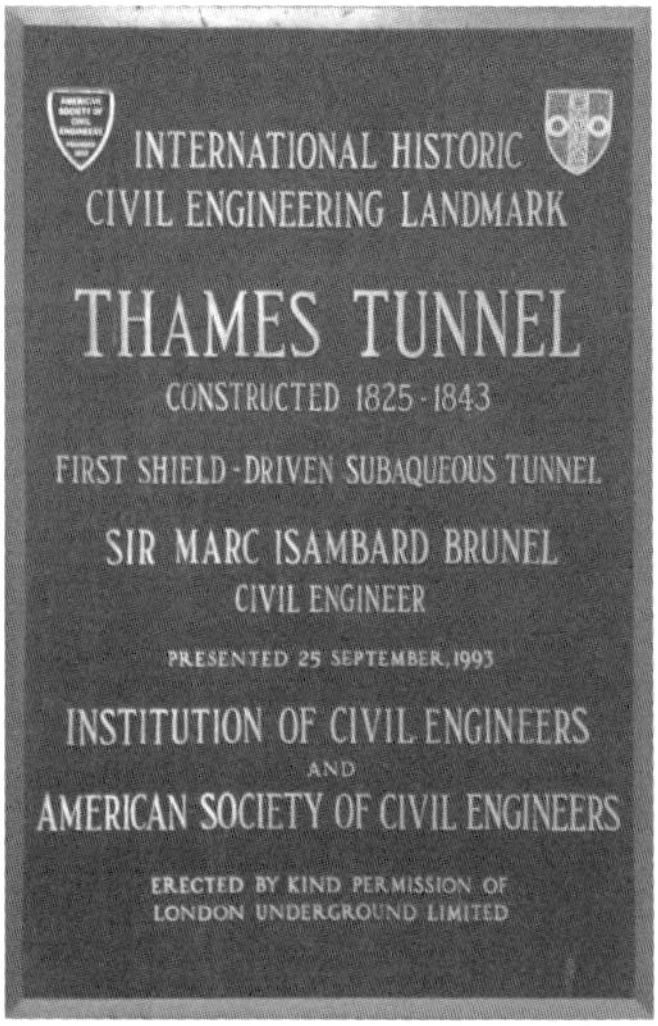

◉ローザハイス駅銘板

◉ブルーネル博物館

覧会の入場者よりこのトンネルを訪れた人の数の方が多かったと言われたほどである。

福澤はここを二回にわたって訪れ、

「テイムストンネルといふ珍らしき仕掛あり。(中略)此《この》洞穴を通抜《とおりぬ》けて向岸に渡るときは、固《もと》より目には見へざれども川の舟は頭の上を往来するなり」(『条約十一国記』)

と記している。また、

「千八百二十五年ブリーネルなる者あり。偶〻《たまたま》「トレド」と云へる虫の、堅き甲を被り木を噬《かみ》て孔を穿つを見て、忽《たちま》ち一法を発明し、河の底を穿て地道を造ること、虫の木を噬て次第に孔を穿つ如くせば、遂に此岸より彼岸に達して橋の代用を為《な》す可《べ》しとて、乃《すなわ》ち工を起し、河の底

◉ワッピング駅銘板

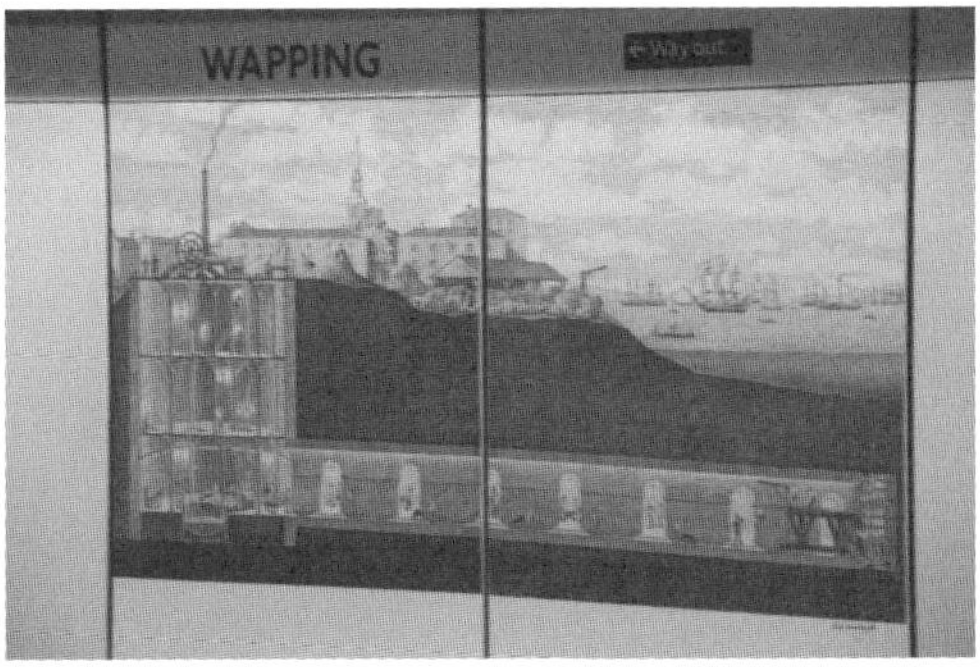

◉ワッピング駅壁画

に高さ十五尺、巾十二尺の洞を、二条に並べて之を穿ち、随て穿ち、随て上下左右を焼瓦にて積立て、漸《ようや》く進て遂に成功に及べり」(『英国議事院談』)とシールド工法についても触れている。

その後、テムズトンネルは、一八六六年にイーストロンドン鉄道に売却され、一八七六年に蒸気機関車が往来し、一九一三年に電化され現在に至っている。

ワッピング(Wapping)駅、ローザハイス(Rotherhithe)駅の駅舎には、隧道の由来を記した銘板が掲げてあり、ワッピング駅ホームの壁面にはテムズトンネル工事中の様子から、地下鉄開通までの様子を描いた絵がデザインされている。ローザハイス駅舎の前を東西に走る道はブルーネル通り、駅舎東側でブルーネル通りに交叉する通りがレールウェイ通り、駅舎の北側にはトンネル通りと、テムズトンネルに由来のある名前が続く。そのトンネル通りに面したレンガ造りの建物は、トンネル掘削の際に使用された竪坑跡で、現在は**ブルーネル博物館**(Brunel Museum)として、ブルーネル親子やテムズトンネル関連の資料を見ることができる。

[大澤輝嘉]

ロンドン 2

病院見学とティー

本節では福澤が訪れた病院・福祉施設を見ていきたい。福澤は、医学校でもあったキングス・コレッジ病院等だけでなく、視覚や聴覚の障害者の教育施設である「養盲院」、「養唖院」、精神科病院の「養癲《てん》院」も見学している。つまり、先端の医療を見ただけでなく、産業革命以降の発展の陰で格差も拡大していたロンドンの、いわば社会を側面、底面から支える仕組みにも目を向けて精力的に見学した。

見学した施設の多くは現在は郊外に移転してしまったが、建物自体は博物館や高級ホテルに転用されて残っているものもあるので、それらを福澤の訪問順に辿りたい。

キングス・コレッジ病院跡

地下鉄ホルボーン(Holborn)駅からテムズ川の方向にキングスウェイ(Kingsway)という大通りをしばらく進むと、左手一帯にロンドン・スクール・オブ・エコノミックス(ＬＳＥ)の建物が並んでいる。経済学者ウェッブらを擁し、留学中の小泉信三もその講義を聴講した。現在ではＬＳＥの図書館が建っているその場所に、小泉滞在中の一九一三年まで所在していたのが、**キングス・コレッジ病院**(King's College Hospital)である。同年にロンドン南部のデンマークヒルに移転し、建物ももはや残っていないが、福澤が訪ねた時、この場所には四階建てでベッド数約二百のキングス・コレッジ病院が建っていた。前年の一八六一年に建て直されたばかりの新病院で、換気への配慮、大きな調理場、看護婦のための宿泊設備など、模範的な病院建築として注目を集めていた。

この訪問の様子は、一般紙の他、医学雑誌「ランセット」にも報じられた。

「先週の木曜日、日本の使節の五人の medical gentlemen

近年消費量が減ったとは言え、イギリス人は、ミルクティーで「ミルクを先に入れるか後から入れるか」で長年に渡る論争をし続けるほどの大の紅茶好きである。また、家屋や家具などは歴史のあるものにより価値があるとして、大切に使い続ける。ロンドンの多くの建物が用途を変えて使用されている所以である。

がキングス・コレッジ病院を訪問した。彼らは、全病棟を巡り、最も興味のある症例を診た。そして、患者と看護婦の快適さと便利さを考えて作られた設備を詳細に視察した」

ここでいうmedical gentlemenとは福澤と「年来の学友」の箕作秋坪、松木弘安らである。

この訪問について福澤は、

「キングスコルレージ病院に行く。院の装置は巴理《パリ》の病院と大同小異。唯英にては病院等を建《たつ》るに政府の出費を以てするもの少く、大抵国人会社を結びて建るなり」

(「西航記」)

と記している。

ちなみに、松木と箕作は再度訪問し、英国を代表する外科医であったファーガソンの手術を見学しているが、そこには偶々フランスから来ていたデュシェンヌも一緒に見学したことが、「ブリティッシュメディカルジャーナル」に報じられている。

「デュシェン型筋ジストロフィー」として病名にその名が残っているので、今日でも医学生であれば誰もが知っているその医師と、侍姿の松木、箕作が一緒に手術を見学した偶然の一齣《ひとこま》を想像するのも愉しい。

セント・メアリーズ病院

イングランド西部やウェールズ方面の鉄道のターミナル駅であるパディントン(Paddington)駅のすぐ裏手に、**セント・メアリーズ病院**(Saint Mary's Hospital)がある。故ダイアナ妃がウィリアム王子らを出産した病院として聞き覚えがある人も少なくないであろう。福澤訪問時と比べると随分拡張しているが、当時の病棟もそのままに残っている。

「西航記」には、

「ドクトルチャンブルスと共にSaint Mary's Hospitalに行き、帰途チャンブル氏に過《よぎ》り、茶を飲む」

と簡単に記されているだけであるが、この訪問については「ブリティッシュメディカルジャーナル」に詳しく報じられている。それによれば、一行は、同病院と附属の医学校で三時間以上を過ごし、解剖学については、実習に費やす時間数を質問したり、脳の感覚神経を巡って詳細な知識を披瀝したりしたという。また、病理標本室では標本から病気の部位を言い当て、化学の実験室では、幾つかの実験を見学し、医学生の模範となるようなノートを取って見せたという。病院の医師たちが感嘆したと報じている新聞もあるが、日本の医師たちの知識に驚く情景が目に浮かぶ。この医師とは翻訳方兼医師であった松木と箕作であろうが、福

◉往時のままのセント・メアリーズ病院

澤も適塾では専ら物理書と医学書でオランダ語を勉強していたので、一緒に知識の一端を示すこともあったに違いない。

そして、見学の帰途、「西航記」の記述の通り、「彼らは、その後、チェンバース医師の家に移り、彼らの国の飲み物(their national drink)のティーでリフレッシュした」のであった。

チェンバース医師は、使節が宿泊していたクラリッジズホテルの向かい(現在の地番でBrook Street 64)に住んでいたので、福澤たちと一緒に帰路につき、自宅に招いてくれたのであろう。

なお、この病院は、後年、フレミング博士が抗生物質ペニシリンを発見したことで有名で、院内にはThe Alexander Fleming Laboratory Museumが設けられ、一般に公開されている。当時のままに保存された実験室を見学することができる。

セント・ジョージズ病院跡

ハイドパークの南東の角に当たるハイドパークコーナーにレーンズボロ(Lanesborough)という高級ホテルが建っている。この建物の東側面の玄関の上を見ると、St. George's Hospitalと刻みこまれた文字を認めることができる。福澤が訪ねた当時の、**セント・ジョージズ病院**の建物そのものである。一八二〇年代に建てられ、ベッド数は三五〇、医学校も併設していた。病院は一九八〇年に郊外に移転し、建物がホテルになったという次第である。

ちなみに今日では、ガラスの天井で覆われた中庭風のティールームは、前述のクラリッジズホテルと並んでアフタヌーン・ティーで人気があり、いつも賑わっている。

◉ベツレム病院跡（現帝国戦争博物館）外観

◉セント・ジョージズ病院跡（現レーンズボロホテル）。玄関の上に病院の名が刻まれている。

ベツレム病院跡

テムズ川南側、二〇〇七年にセント・パンクラス駅に移るまで、パリとロンドンを結ぶ特急列車ユーロスターの発着駅であったウォータールー（Waterloo）駅からほど近い、セント・ジョージズ・フィールドに、**帝国戦争博物館**（Imperial War Museum）がある。福澤が「養癲院」と記した**ベツレム病院**（Bethlem Hospital）が、一九三〇年、郊外に移転し、両翼が取り壊された後に残っていた中央部分が博物館として現在利用されているのである。

ベツレム病院は、現存する世界最古の精神病院で、一八一五年にこの地に移転、一八三八年に拡張されて、福澤が訪ねた時には約三七〇人の入院患者を収容できる病院になっていた。

福澤は、病院の様子を、

「養癲院は、都下の発狂せるものを養い治療する病院なり。患者一人毎に一室を与え、昼間は室より出し院内を歩行し、或は園に遊て花を採り、或は院の楼上に歌舞し、鞠《まり》を玩《もてあそ》び、或は絵を画く者あり、或は音楽する者あり、皆其意に任て遊楽せしむ。院内殊に清楚にし、他諸病院と異なり、各処に小禽《ことり》を飼い、鉢植ものを置く等、都《すべ》て人意を楽《たのし》むるを主とせり」（「西航記」）

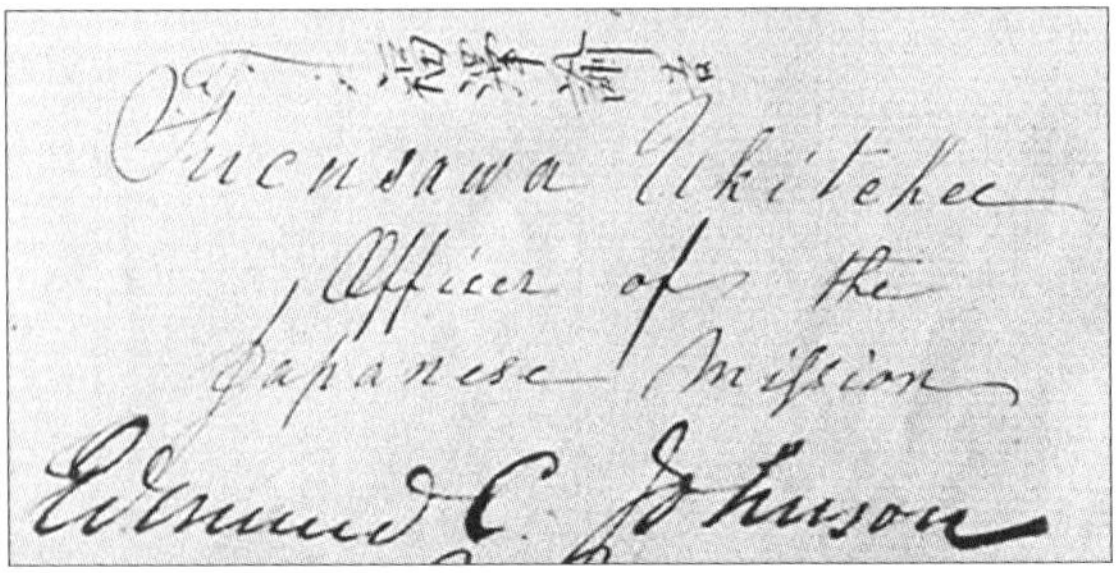

◉ベツレム病院での福澤のサイン。漢字のサインの下にローマ字でサインしている。一番下に「西航記」に名前のある「ドクトル・ジョンソン」のサインも見える。

と書き留めている。一八五〇年代に、患者の療養環境の改善のために大改革がなされ、たとえば、病室の窓は、雰囲気が明るくなるように大きなものに取り替えられ、病棟の廊下にも椅子やテーブル等の家具が置かれ、鳥かご、花、絵などが並べられた。さらに、病棟内外での音楽や球技などのレクリエーションも活発になされるようになっていた。その様子は、新聞でも報じられていたが、その挿し絵を見ると、福澤が実に的確に書き留めていることがわかる。また、この病院には、精神疾患の症状のために殺人などをした患者の専門病棟もあり、福澤はこれをも見学して、

「本日此類の狂人三名を見る。一人は女王を殺さんとし、一人は其父を殺せり。一婦人あり、自から三子を殺せりと云」(「西航記」)

と記している。

このうち父親を殺した患者は、画家リチャード・ダッドである。ロンドンの代表的美術館の一つ、テート・ギャラリーで、彼の絵を見ることができる。同美術館では、二〇〇七年にも「ダッド再考」と題するセミナーも開かれており、今なお忘れられていない画家である。

このベツレム病院自体は、現在はロンドン南部の郊外に移転しているが、その史料室には、福澤、松木、箕作らと一行を案内してくれたジョンソン医師がサインした署名簿が保存されている。

ゆかりのホテルで、往時の英国人医師との交流や病院見学の情景を想像しながらアフタヌーン・ティーを楽しむのも、ガイドブックにはない英国旅行の楽しみ方であろう。

[山内慶太]

ロンドン 3
万国博覧会と二つの「パレス」

万国博覧会といえば、各国のパビリオンが話題になることも多い。終了後に取り壊されることも多いが、会期後も利用され続けたり、建築物として高く評価されて保存・再建が行われたりする場合もある。ロンドンで二度開かれた万国博覧会の会場も、その大規模な建造物がロンドンの南北近郊にそれぞれ移築された。

『西洋事情』の「博覧会」

世界最初の万国博覧会は一八五一年にロンドンで開催された「グレート・エキシビション」であるが、一八六二年、再びロンドンで「インターナショナル・エキシビション」が開かれた。文久二年の遣欧使節、従ってその一員の福澤も訪れた。

ちなみに「博覧会」という言葉が日本で考案されたのは慶応二（一八六六）年で、その後次第に広まって行ったと言われているが、その慶応二年に刊行された『西洋事情』初編において、福澤はその語を用いている。すなわち、「博物館」の次に「博覧会」と題する項目を置いて、

「前条の如《ごと》く各国に博物館を設けて古来世界中の物品を集むと雖《いえ》ども、諸邦の技芸工作、日に闢《ひら》け、諸般の発明、随《したがっ》て出、随て新《あらた》なり。（中略）故《ゆえ》に西洋の大都会には、数年毎《ごと》に産物の大会を設け、世界中に布告して各々その国の名産、便利の器械、古物奇品を集め、万国の人に示すことあり。之を博覧会と称す」

と説明し、続けて展示の内容を示している。更に、その意義を次のようにまとめた。

「博覧会は元《もと》相教え相学ぶの趣意にて、互に他の所長を取て己の利となす。之《これ》を譬《たと》えば智力工夫の交易を行うが如《ごと》し。又《また》各国古今の品物を見れば、その国の沿革風俗、人物の智愚をも察知すべきが故に、愚者は自から励み智者は自から戒め、以《もっ》て世の文明を助くること少なからずと云う」

さて、福澤も加わっていた遣欧使節団は、文久二年四月三日（1862年5月1日）からロンドンで開催される博覧会に間に合うように、フランスからドーバー海峡を渡り、四月二日（4月30日）に到着した。

◉博覧会を見る日本使節
［The Illustrated London News より］

翌日の開会式には、正使竹内下野守ら使節の代表が参列した。国内外からの多彩な列席者の中でも特に注目を集めていたが、翌日の新聞は、その衣装等の外見に留まらず、彼らの振る舞いを好意的に紹介した。全く習慣の異なる人々に囲まれても落ち着きを失わない態度、ユーモア好きそうな感じなどが好印象を作りだしており、「滞在中、間違いなく人気者の仲間入りをすることであろう」（イブニング・スタンダード）と報じた。以後、ロンドン滞在中、福澤を含む使節の一行は入れ替わり立ち替わり、会場を訪れた。

万国博覧会とアレキサンドラ・パレス

地下鉄サウス・ケンジントン（South Kensington）駅からハイドパークに向けてエキシビション・ロード（Exhibition Road）を歩くと、東側にはヴィクトリア・アンド・アルバート博物館（Victoria & Albert Museum）、科学博物館（Science Museum）、西側には自然史博物館（Natural History Museum）等が集まっている。この一帯は、一八五一年にハイドパークで開かれ、大成功を収めた世界最初の万国博覧会の収益で購入され、順次設立されて来たものである。

一八六二年の博覧会はこの地、現在の自然史博物館の位置に建てられた南側正面の幅が三五一メートル、更に両翼から奥に向かって建物が延びる巨大な建物で開催された。福澤も、四月十六日（5月14日）に訪ね、「西航記」に、展示の内容を次のように記している。

「展観場に行く。（中略）此場は、万国の製作品、新発明の器械等を集め、諸人に示す為め設《もうく》る者なり。欧羅巴《ヨーロッパ》、亜米理加《アメリカ》、亜細亜《アジア》諸邦より皆其国々《くにぐに》産する所の名品、或は便利の器械を送り、（中略）其他新発明の火器、精巧の時計、農具、馬具、台場・船等の雛形、古代の書画名器等、枚挙すべからず」

その盛況の様子も、

「大抵一日場に入る者四、五万人、現今は欧羅巴《ヨーロッパ》諸州の王侯、貴人、富商、大賈《たいこ》、皆来て展観場を観ざる者なし。龍動《ロンドン》府内の旅館、客を入るゝに足らずと云」

と記した。この博覧会は、英国人に対しては日本に対する関心を高め、ヨーロッパ文化におけるいわゆるジャポニズムのきっかけにもなった。使節のメンバーの訪問の様子は新聞に挿し絵入りで報じられた。

◉現在のアレキサンドラ・パレス

また、日本の品々がまとまって展示された最初の博覧会でもあり、注目を集めた。六百点を超える品々が展示された。駐日公使オールコックが発案し、収集したもので、福澤は、

「場中の一局に日本の品物を集たる所ありたれども、物の数甚《はなはだ》少し。唯《ただ》漆器、陶器、刀剣、紙類、其外《そのほか》小細工物のみ」

とあっさりと記しているが、実際に展示を見た使節のメンバーは概して良い印象を持たなかったようである。例えば、高島祐啓は、

「惜むらくは彼の地に渡る所皆下等の品多くして、各国の下に出したるは残念なりと云うべし」

と記している。

とはいえ、英国人には感銘を与えたようで、中でも、英国の最初の工業デザイナーと言われているクリストファー・ドレッサー(Cristopher Dresser)は、日本の展示について約八十点のスケッチをしている。日本の作品への関心を深めた彼は、一八七六年から翌年にかけて来日している。筆者は、偶々ロンドンを訪れた折に、ヴィクトリア・アンド・アルバート博物館でドレッサーの特別展を見たことがある。元々は植物模様の具象的でしかも伝統的な図柄が中心であった彼が、日本の影響を受けながら抽象的でモダンなデザインのティーポットや食事用の容器を生み出すようになる経緯を示したこの特別展を、使節のメンバーの反応

と対比して興味深く思ったものである。

博覧会は、六百十一万余の入場者を集めて一八六二年十一月一日に閉会した。建物は、ロンドン北部の丘陵地に建て直され、**アレキサンドラ・パレス**（Alexandra Palace）と名付けられた。キングス・クロス駅から鉄道で二十分程度、アレキサンドラ・パレス駅を降りると、広大な公園の丘の上に今も建っている。大きな催物場、アイススケート場、BBC放送局等に利用されているが、この建物は移設後二度火災に遭っていることもあり、展覧会当時の姿を完全に留めている訳ではない。しかし、福澤が、

「巨大の石室、屋は玻璃《はり》にて覆えり。故に巨大の家にて各処に多く窓なしと雖ども、室内甚だ明なり」

と記した壮大さを、体感することができる。

クリスタル・パレス

一八五一年の「グレート・エキシビション」の時の建物は、既に一八五四年にはロンドン南郊外シドナムの丘（Sydenham Hill）に移築され、ロンドンの名所になっていた。福澤はここも訪れた。

この建物は、ジョゼフ・パクストン（Joseph Paxton）による大温室の設計を応用した総鉄骨ガラス張りの巨大な建物で**クリスタル・パレス**（Crystal Palace＝水晶宮）と呼ばれ、話題となったものである。移築時に、博覧会当時には正面の幅が一八四八フィート（五六三メートル）であったものが約一・五倍に拡大され、高さも三層から五層になった。中には、冬も植物が茂る屋内庭園が作られ、要所要所にエジプト・アブシンベル神殿の巨像をはじめ、世界各地の遺物の模造などが置かれた。外の広大な公園には恐竜など先史時代の様子も再現された。また、前庭には大噴水が作られたが、その給水のために、建物の両側に建てられた高さ約八十五メートルの給水塔も景観にアクセントを与えていた。まさ

◉移築後のクリスタル・パレス

に一大アミューズメントパークであった。

福澤は次のように記している。

「キリスタル・パレースは玻璃宮《はりきゅう》の義なり。玻璃宮は龍動《ロンドン》より七里の地にあり。火輪車に乗り、数ミニュートにて達すべし。此宮は旧《もと》との展観場なり。千八百五十四年之《これ》を建つ。広さ凡《およそ》本邦の五万五千坪、高さ二百尺余、屋壁《おくへき》尽《ことごと》く鉄柱と玻璃を以て営み、絶《たえ》て土木を用いず。宮内に万国の珍奇物を集め、諸人行《ゆき》て観《み》るを許す。宮外は盛に園を開き遊覧の場となす。花樹を植え、又《ま》た蒸気機を以て飛泉《ひせん》数百を作り、泉の大なる者は騰飛《とうひ》すること二百尺、佳時吉日は都下の士女皆来《きたり》て遊覧す。本日は遇《たまた》ま女王の誕日にて遊人甚だ多し」(「西航記」)

◉クリスタル・パレス遺構

福澤が訪れたのはヴィクトリア女王の誕生日で、しかも週末で、クリスタル・パレスではフラワーショーも開催されていた。デイリーテレグラフ紙が「シドナム・フラワーショーというライバルが、土曜日のサウス・ケンジントン(博覧会のこと)の観客を奪った」と報じたように、まさに大賑わいだったのである。

クリスタル・パレスは、長くロンドンの人たちに親しまれた。特にここでの毎夏の花火大会は最大の人気を呼んでいたという。しかし、一九三六年に火災で焼失してしまった。今日、ヴィクトリア駅から鉄道で約三十分、クリスタル・パレス駅を降りると、一帯はクリスタル・パレス・パークになっている。公園、運動施設として利用されているが、焼失した建物部分は土台のテラスに傷んだ模造のスフィンクス等が恨めし気に残るのみである。

アレキサンドラ・パレスもクリスタル・パレスも地域の人たち以外はほとんど行くことがない。しかし、遺欧使節の足跡を追いつつ、ヴィクトリア朝全盛の時代のイギリスを偲びながら歩き回る時、博覧会という言わば短期間の栄華とその後の虚しさがそのまま一世紀半続いているかのような錯覚に陥るのである。

［山内慶太］

ロンドン 4

キングス・コレッジ・スクールと グリニッジ、ウリッチ

各国政府にとって、教育と軍事は重要な国家政策であろう。他国の制度や設備を参考にしたり、学力レベルや軍事力を競い合ったりと、枚挙に遑《いとま》がない。維新後の日本は欧米にその制度を学び、欧米列国に追いつくことを目標に富国強兵の道を進んだのであった。そしてその先導者となったのが福澤諭吉であった。

キングス・コレッジ・スクール

福澤の滞欧日記「西航記」文久二年四月二十一日（1862年5月19日）に、次のように記されている。

「ドクトルチャンブルスと共、キングスコルレージ学校に至り」

福澤の滞欧メモ「西航手帳」には、「キングスコルレージ四月十八日9～18age　420人　九時より三時まで」というメモがあり、『西洋事情』にも次のような記述がある。

「或《あるい》は一所の学校にて大小相兼る者あり。龍動《ロンドン》「キングスコルレージ」（府中最も大なる学校の名）の如きは、学生五百人余ありて、楼上は大学校の教《おしえ》を授け、楼下は小学校の教を授く」

福澤が訪れた**キングス・コレッジ・スクール**（King's College School 以下KCS）は、ロンドン地下鉄オルドウィッチ（Aldwych）駅の近くストランド（Strand）通りに面したサマーセットハウスの一角にあった。サマーセットハウスは一五四三年に建てられたルネッサンス風の宮殿で、一八二四年に東のウイングが増築され、この部分に一八二九年、国王ジョージ四世の命を受けて英国国教会によってキングス・コレッジという大学が創設された。現在もここはキングス・コレッジのストランド・キャンパスであり、サマーセットハウス本館は一九九〇年よりコートールド・ギャラリー（Courtauld Institute Galleries）という美術館になっている。この美術館は、ロンドン大学附属の美術館で、世界屈指の印象派のコレクションを有している。

KCSは、キングス・コレッジに進学する生徒を育成するため、キングス・コレッジ創設の一八二九年の八月十四日に八五人の生徒をもって設立され、キングス・コレッジの階下にあった。一八四三年には約五〇〇名の生徒を数え

て狭隘になり、都会の真ん中という不適当な環境にもあって、一八九七年ロンドン南西郊外のウィンブルドン（Wimbledon）に移転した。ウォータールー（Waterloo）駅からウィンブルドン駅まで列車で約十五分。KCSは、駅から徒歩二十分サウスサイド・ウィンブルドン・コモンにある。

一九一二年にジュニアスクールとシニアスクールに分かれ、現在ジュニアは七〜十三歳の男子、シニアは十三〜十八歳の男子が在籍し、二〇一〇年九月から十六〜十八歳の女子を受け入れている。生徒は全て通学生である。KCSは日本で言えば、さしずめ私立の小・中・高等学校に当たり、学力レベルも大変高く、評価の高い学校になっているが、ウィンブルドンに移転以来キングス・コレッジ大学との特別な関係はなくなっている。

◉ストランドのキングス・コレッジ

KCSは、イギリスで私立名門中・高等学校を意味するパブリック・スクールに当たる。慶応四（一八六八）年、福澤は塾の新銭座への移転、慶應義塾の命名に際し、慶應義塾の独立宣言とも言うべき「慶應義塾之記」を著しているが、その中に次の記述がある。

「蓋《けだし》この学を世に拡《おしひろ》めんには、学校の規律を彼に取り生徒を教道（導）するを先務とす。仍《よっ》て吾党の士、相与《あいとも》に謀りて、私に彼の共立学校の制に倣《なら》い、一小区の学舎を設け、これを創立の年号に取て仮に慶應義塾と名《なづ》く」

ここにある「共立学校」とはパブリック・スクールの訳語であるから、福澤自身の目で見たKCSが慶應の範になっているのは、疑いのないことだろう。そして、福澤が訪れた当時、KCSはキングス・コレッジへ進学する生徒のための学校であったわけであるから、幼稚舎から始まる慶應義塾の一貫教育の発想の原点になったとも想像できる。

KCSのスクールカラーが慶應と同じ紺と赤で、クリケットのセーターは襟に紺赤紺の線が入り、ラグビーのジャージーは紺、赤の横縞、制服はジュニアは赤のブレザー、シニアは紺のブレザーといった具合である。

マリタイム　グリニッジ

グリニッジ(Greenwich)は、ロンドン橋よりテムズ川下流へ七キロの所にある町である。ロンドンからは地下鉄ジュビリー・ライン、ドックランド・ライトレールウェイ、テムズを下る船などいろいろな行き方があるが、サウス・イースタン鉄道だとロンドン・ブリッジ駅からグリニッジ駅まで八分である。

「西航記」四月十七日(5月15日)に、「グリーンウヰッチュの天文台及海軍局を観る」とあり、続いて次の記述がある。

「グリーンウヰッチュは世界有名の天文台なり。世の航海者、東西経度を定《さだむ》るは、皆此《この》天文台を本《もと》とす。此所《ここ》に海軍学校及び老年の海軍士官水夫を養う官舎あり。学校には少年八百余人、大抵十二、三歳より十七、八歳、各々航海術の一科を学ぶ」

グリニッジ天文台(Royal Observatory)は、一六七五年に設立された。観測所として建てられたフラムスティード・ハウスは、セント・ポール寺院を設計したクリストファー・レンの設計により、丘の上に一際高く今もそびえ立っている。フラムスティード・ハウスに隣接したメリディアン・ビルディングの窓の中心を経度〇度と設定し、ここを基準としてグリニッジ標準時(GMT = Greenwich Mean Time)が定められ、世界の時刻の基準となった。一九六〇年、天文台としての機能を終えたが、今は**国立海事博物館**(National Maritime Museum)の一部となり、多くの観光客で賑わい、経度〇度の子午線を跨いで記念撮影をすることが定番になっている。

丘の上から下ってくると、左右にウイングを有した白亜の建物がある。その中央が**クイーンズ・ハウス**(The Queen's House)と呼ばれ、一六三八年にジェームズ一世の妻、クイーン・アン・オブ・デンマークのために建てられたイギリスで初めてのイタリア・ルネッサンス様式の建物である(口絵写真)。一八〇五年にジョージ三世は、ここを水夫の父を亡くした孤児を保護・教育する海軍児童養護施設(Royal Navy Asylum)として使用することを許可し、一八二一年には、後述するロイヤル・ホスピタルにあったロイヤル・ホスピタル・スクールが使用するようになった。当学校は、一七一五年に設立され、はじめ水夫の孤児などを対象にしたものであったが、やがて海軍や海兵隊に入隊を希望する生徒のための学校となっていく。一九三三年にここからイプスウィッチの近くに移転、今では男女共学の十一〜十八歳の私立学校になっている。

クイーンズ・ハウスからギャラリーを渡っていった東西それぞれのウイングは、一九三七年から国立海事博物館となっているが、この建物は一八〇七年に水夫の子供たちの学校として建てられた。博物館の入り口に"Royal Hospital School at Greenwich"の銘板があり、一八二一年から一九三三年までクイーンズ・ハウスや海事博物館になっている建物がロイヤル・ホスピタル・スクールとして使用されていたことが記されており、福澤が「海軍学校」といったのは、このことであろう。

さらにテムズ川沿いに足を進めると、やはりクリストファー・レン設計のペインテッド・ホールと礼拝堂になっている二つの塔を見ることができるが、これが、旧海軍大学(Old Naval College)である。これらの建物は一六九六年からロイヤル・ホスピタルとして建てられたものである。ホスピタルと言っても、養護施設・廃兵院の意味合いが強く、恩給を受けている老兵や障がいを負った水夫が居住していたが、一八六九年に閉鎖、一八七三年から一九九八年までは海軍大学であった。現在、ペインテッド・ホールや礼拝堂は公開されているが、他の部分はグリニッジ大学やトリニティ音楽大学に貸与されている。福澤が「老年の海軍士官水夫を養う官舎」といったのは、ロイヤル・ホスピタルのことであろう。

これまで紹介したグリニッジの建物は、使用目的こそ変わったものの福澤が見た風景と大差はない。そして、全て"Maritime Greenwich"として一九九七年にユネスコ世界遺産に認定されている。

ウリッチ　ロイヤル・アーセナル

「西航記」五月十二日(6月9日)に福澤は次のように書いている。

「ウールヰッチュに行き、アルムストロン砲製作局を観《み》る。ウールヰッチュは龍動《ロンドン》橋より十二里。朝十時旅館を出、午後四時まで局内を周観したり。此《この》局は近来専《もっぱら》アルムストロン砲のみを製造し、海陸軍用に供す。大砲の数七日毎に三十門を造り、三年前より持続すと云」

ウリッチ(Woolwich)は、グリニッジよりテムズ川下流へ約六キロの所にある町である。サウスイースタン鉄道グリニッジ駅からウリッチ・アーセナル駅まで列車で十三分といった所で、列車は頻繁に出ている。

ウリッチの名が歴史上に登場するのは、エリザベス一世の父、ヘンリー八世の命令で、一五一二〜三年、ここに王立造船所が造られた時である。ここで造られた英国海軍の軍艦によって、スペイン無敵艦隊を撃破し、イギリスは世界の海を支配していく。

一八六九年に造船所は閉鎖されたが、現在も一八四〇年代に造られた二つのドックの遺構や一七七〇年代に建てられた建物が残っている。

そして町の東端のウォレン（Warren）と呼ばれる場所にまず武器庫が、一六九六年には王立火薬製造所が、一七一五〜七年、王立大砲鋳造所が次々と造られ、この地は武器の製造と試験の中心地となっていき、一八〇五年、ジョージ三世によって王立兵器工廠（Royal Arsenal）と命名された。

一七一六年に、ここに英国砲兵隊が、一七二〇年に王立陸軍士官学校が設置され、ウォレンはまさに軍事基地の観を呈してきた。

福澤が訪ねた「アルムストロン砲製作局」というのは、この王立兵器工廠のことである。アームストロング砲とは、一八五五年にイギリスのウィリアム・アームストロングが開発した大砲で、後装式（弾を後ろから詰める）で発射までの時間がかからず、砲身内にらせん状の溝が切ってあるので、弾が回転し、飛距離の向上と弾道の安定が図られるという最新兵器であった。当初は輸出禁止であったが、薩英戦争で使用した結果、爆発事故が起こるなど、その成果が期待外れであったため、輸出禁止が解かれ、トマス・グラバーの手によって、官軍がこれを購入し、戊辰戦争で使用されるに至った。福澤が砲声轟く中、ウェーランド経済書を講義していたという上野戦争でも、二門のアームストロング砲が使用された。

第一次世界大戦中は、約十万人の労働者が働いていた王立兵器工廠であったが、その後徐々に縮小され、一九六七年武器製造は行われなくなり、一九九四年には完全に閉鎖され、かつて一般市民には公開されることがなかったこの場所は、住居や商業施設として再開発されている。しかし、正門、旧士官学校やダイアル・スクエアなど十七世紀までさかのぼれる建物が残され、**ファイヤーパワー**（Firepower）と呼ばれる**英国砲兵隊博物館**（Royal Artillery Museum）もある（火〜土曜開館）。

砲兵隊博物館は、一八〇二年ウォレンにオープンし、一八二〇年から、駅の反対側、現在砲兵隊が駐屯しているウリッチ・コモンにある野戦テントを模したロータンダ（円錐形の屋根をもった風変わりな建物）にあったが、二〇〇一年五月にファイヤーパワーと称して、かつて王立武器工場があった地に大規模な博物館となってオープンした。

ファイヤーパワーには、多くの大砲や戦車が展示されているが、その中にアームストロング砲や長岡藩の河井継之助が使用した多砲身の回転機関銃、ガトリング砲を見つけることができる。

ロンドンにアーセナルという名門フットボールクラブがあるが、一八八六年に兵器工廠のダイアル・スクエアで働いていた労働者が結成したクラブが、起源となっている。当初はダイアル・スクエアという名称であったが、暫くしてロイヤル・アーセナルに、一八九一年にウリッチ・アーセナルと改称し、一九一四年には、ロンドン北部に移転し、たんにアーセナルとした。選手の胸に、大砲をデザインしたエンブレムを付けているのは、ここに由来する。

また余談であるが、ロンドンブリッジ駅でウリッチに行く列車を確認しようと駅員に尋ねたところ、「ウリッチ」が通じない。「スペルを言ってみろ」と言われて理解してもらえたのだが、発音が悪いと言われて、何回も練習させられた。どうもWの発音が悪かったらしい。

［加藤三明］

◉12ポンド・アームストロング砲

◉ファイヤーパワー（英国砲兵隊博物館）

※各地域への起点はチャーリング・クロス。距離は道路を使った場合

グリニッジ・パーク ➡ 東へ 約11km
ウリッチ・アーセナル ➡ 東へ 約17km

↑北へ 約11km　アレキサンドラ・パレス

↓南へ 約14km　クリスタル・パレス

オランダ

ヨーロッパ中第二の故郷

オランダは、江戸時代の鎖国下も欧州諸国で唯一外交関係を維持した国である。当時オランダを通じてもたらされた学問・技術は蘭学と呼ばれ、後に日本が開国・明治維新に向けての下地を準備、形成する上で不可欠な恩恵を与えた。国土の多くをポルダーと呼ばれる干拓地が占める。国土の四分の一は海面下に位置する。

文久二年五月十七日(1862年6月14日)、遣欧使節団一行は、フランス、イギリスの二カ国での滞在を終えて、欧州三番目の訪問国としてオランダの地を踏んだ。福澤をはじめとする蘭学者にとっては、「第二の故郷」に戻ってきた印象を持ったようである。そしてその印象は、使節団がロッテルダムの港に入った時から既に植えつけられたのであった。

ロッテルダム

ウィレムス岸壁(Willems Kade)南端のフェエールダム(Veeddam)にある港には、日本人を一目見ようと多くの群衆が集まっていた。使節団は、ロンドンのウリッチよりオランダ軍艦アルジュノ号でオランダ海軍の軍港所在地へレフートスライスへ渡り、そこで快速艇に乗り換えてマース川を溯りロッテルダムに上陸した。ヨットクラブで開かれたセレモニーでは、会場に使節三使の家紋を描いた旗を立て、「和蘭《オランダ》京は日本尊客の為に恭建」と書かれた額が掲げられていた。こうした歓迎振りに使節一行は感激したであろう。使節団はフェエールダムの港から馬車でオランダ鉄道中央駅へ移動し、そこから汽車に乗って逗留先のハーグへ向かった。

第二次世界大戦の被災によって、ロッテルダムには当時の面影を伝える建物はほとんど残っていない。中央駅の駅舎は建て替えられ、馬車も現在はトラムと呼ばれる路面電車に変わり、近代的計画都市として世界有数の貿易港となった。しかし、使節団の上陸地周辺は被災を免れたため、数少ない一八〇〇年代後半の建物が多く残っている場所で、港の周りに立つ万国旗と石造りの建物が、使節団到着当時の面影を偲ばせている。

ハーグ

使節団は、ハーグの**オテル・ド・ベルヴュー**(Hotel de Bellevue)に逗留した。オランダ滞在中、福澤らはこの街を拠点としてアムステルダム、ライデンなどを見学した。一行がロッテルダムから到着したのは、当時ライン鉄道駅と呼ばれていた現在のハーグ中央駅ではなく、現在ホーランスポール(Holland Spoor)駅と呼ばれているオランダ鉄道駅で、そこから使節団は、馬車でベルヴュー入りした。

現在ハーグの人口は約五〇万人、オランダの首都はアムステルダムであるが、国会や首相官邸等の立法・行政の中心はハーグにある。現在のハーグ中央駅脇の位置にあったオテル・ド・ベルヴューは廃業し、往時の建物は取り壊されて既になく、現在は一九七〇年代に建てられたショッピングモールの名前に「ベルヴュー」の呼称を留めるのみになっている。一方、目を転じて駅前の通りを挟んで北側に

◉フェエールダム

◉オテル・ド・ベルヴュー跡

は、広大な公園「ハーグの森」が、一五〇年前と変わらぬ姿で青々とした木々を有している。使節団滞在中、オランダ王妃の誕生日を迎えたハーグの様子を、福澤は「西航記」に、

「此日《この》、王妃の誕生日なり。夜、林樹の間に万灯を設けて日本人を迎う。旅館にも戸外に灯を張り楽を奏し、十二時に至りて罷《や》む」

と記している。

ライデン

福澤は、松木弘安、箕作秋坪らとハーグに隣接するライデンにあるライデン大学を訪問し、「物理陳列館」、「解剖陳列館」、「大学図書館」などを見学した。「西航記」の中で、

「レーデンの大学校に行く。校の盛なるは他諸邦と異なることなし」

と記述している。

ライデン大学は一五七五年創設のオランダ最古の国立大学である。カレッジごとに建物が分かれて市内に点在している。一五九〇年に正式に開園した植物園には、シーボルトが日本から持ち帰った種子や苗から成長した、栃の木や藤・蔦など一三種・一五本の「シーボルト植物」があり、一九九〇年造成されたシーボルト記念庭園は周囲の塀が朱塗りであるため、日本庭園というよりやや唐風の趣である。

福澤の渡欧中、シーボルトは長男を伴って三十年ぶりの日本再訪を終え、オランダへの帰路に就いていた。福澤はユトレヒトからベルリンに移動中に一泊したケルンでシーボルトの妻へレーネと面会している。

アムステルダム

使節団一行は、五月二十八日〜六月二日（6月25日〜28日）の二泊三日、アムステルダムの**ドーレンホテル**（Doelen Hotel）に滞在した。建物は一八八二年に現在の建物に改築されているが、ホテルは現在も営業を続けている。ドーレンの名の由来は、十五世紀にまで遡る。

一四八一年に隣の都市ユトレヒトからの攻撃を防ぐため、ここに砦が建てられた。また、オランダでは、民兵（自警団）・慈善団体・職業組合など、各団体の一員として活動することを誇りとする傾向が強かった。一五三〇年頃から、こうした団体が活動の根拠となる建物を飾る目的で、構成員の集団肖像画を画家に注文して描かせることが流行り出した。民兵の活動の拠点となった場所は「ドーレン」と呼ばれ、集会や、射撃練習の場所として使用され、時には宴会なども催された。

時代は下って一六四二年、レンブラント他五人の画家たちは、「ドーレン」の一六三八年に完成した新しい大きなホールを装飾する絵画を描くことを依頼された。「夜警」という名前で有名なレンブラントの絵画は、一七一五年にダム広場にある市庁舎（現在の王宮）に、大きさを調節するために切り抜かれて移され、さらに一八〇八年、市役所が王宮となると博物館として設けられたトゥリッペンハウスに移された。一八八五年からは、その年に完成したアムステルダムの国立博物館に展示されている。一方、民兵の拠点として利用されていた建物は一八一五年にホテルとなり、改築を経てはいるもののアムステルダム最古の歴史を誇っている。

◉ドーレンホテル

ユトレヒト

六月十九日（7月15日）にハーグのオテル・ド・ベルヴューを発った使節団は、オランダ最後の訪問地ユトレヒトに到着した。一行は、「造幣局」を訪れた。使節三使と士官数名はオランダ ホテルに宿泊したが、部屋数の不足から他の随行者はアウデ カステール ファン アンウェルペン（Oude Kosteel Van Antwerpen）に入った。翌日福澤は、幕末に来日した医官ポンペの母校である「国立軍医学校」や「化学実験所」、眼科病院などを見学し、二十一日（7月17日）には一カ月余りのオランダ滞在を終え、汽車でケルンに向ったのであった。

福澤の見たオランダ

福澤は後になって、オランダ訪問について、

「各国巡回中、待遇の最もこまやかなるはオランダの

右にいずるものはない。これは三百年来特別の関係でそうなければならぬ。ことにわたしをはじめ同行中に横文字読む人で蘭文を知らぬ者はないから、文書言語でいえばヨーロッパ中第二の故郷に帰ったようなわけで自然に居《い》心《ごころ》がいい」

と『自伝』の中で述懐している。

同じく、

「あるとき使節がアムストルダムに行って地方の紳士紳商に面会、よもやまの話のついでに、使節の問に『このアムストルダム府の土地は売買勝手なるか』というに、かの人答えて『もとより自由自在』『外国人へも売るか』『値段次第、だれにでも、また何ほどにても』『さればここに外国人が大資本を投じて広く土地を買い占め、これに城郭砲台でも築くことがあったら、それでもかって次第か』というに、かの人も妙な顔をして『ソンナことはこれまで考えたことはない。いかに英仏その他の国々に金満家が多いとて、他国の地面を買って城を築くようなばかげた商人はありますまい』と答えて、双方ともに要領を得ぬ様子で、わたしどもはこれを見て実におかしかったが、当時日本の外交政略は、およそこの辺から割り出したものであるから、たまらないわけさ」(『自伝』)

と、当時の日本の外務能力の稚拙さを揶揄《やゆ》しているが、今日の我々にとっても意識させられるエピソードである。

［大澤輝嘉］

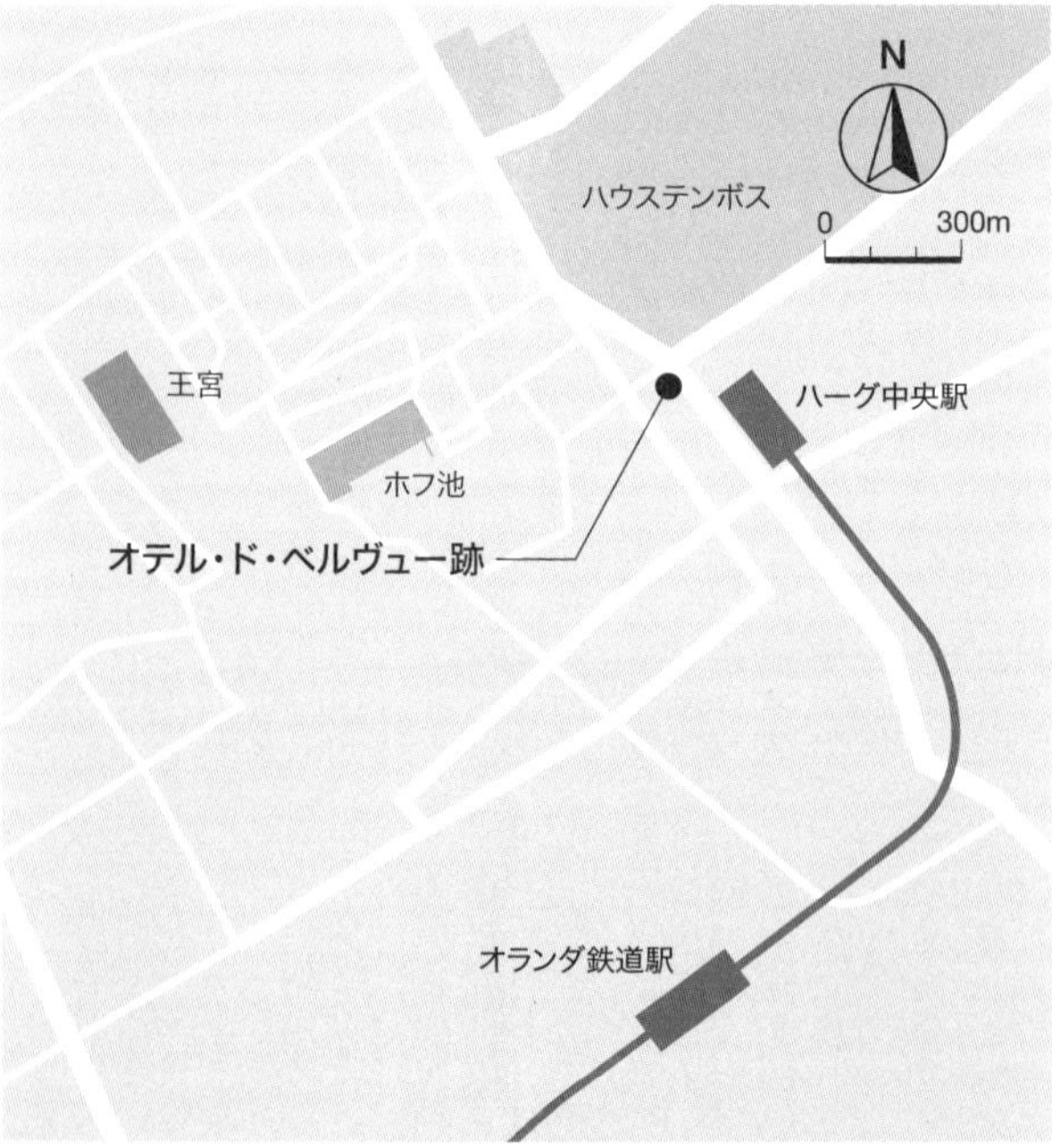

●オランダ・ハーグ

ベルリン

医学史散歩

ドイツの首都ベルリンは、第二次世界大戦の戦場となり徹底的に破壊され、多くの史跡を失った。加えて冷戦下の象徴でもあったベルリンの壁によって街は分断され、その間に施設の状況が変わってしまったところもある。しかし、往時の姿を偲びながら現在の街並を眺めるのも、街歩きの一つの楽しみ方ではないだろうか。

福澤ら遣欧使節の一行は、フランス（パリ）、イギリス（ロンドン）、オランダ（ハーグ等）を経て、プロシアに入った。ケルンを経由してベルリンに到着した一行は、ロシアのサンクトペテルブルクに向けて出発するまでの二週間余、ここに滞在した。文久二年六月二十二日から七月十日（1862年7月18日から8月5日）の間である。

福澤が「西航記」に記した訪問先は、その記述の通りの言葉で日付順に並べると、楽場、病院、養唖院、獄屋、老兵を養う家、製鉄局、ペンを製する局、大学校、議事堂と多岐に亘っている。

プロシアの教育水準に驚く

福澤は、視察の終盤に**フンボルト大学**（Humboldt-Universität）を訪ねている。ブランデンブルク門からプロイセン王宮跡まで続くウンター・デン・リンデン（Unter Den Linden）に面しており、往時の建物も見ることができる。

しかし、この五年後に刊行した『条約十一国記』で、

「孛漏生《プロイセン》の都をベルリンという。学問所多し。都《すべ》て此国には学問の世話よく行届き、牢屋の中の罪人にまでも書《ほん》を読《よま》する風俗なり。故《ゆえ》に国中の人田舎の隅までも大抵読書《よみかき》の出来ざる者なし。世界中一番の文国というべし」

と述べている。大学以上に、プロシアの教育水準を知る上で印象的であったのが「獄屋」であったというのは福澤らしくて興味深い。「西航記」には、この監獄について、

「獄内に学校五所あり。一週間二度、悉《ことごと》く罪人を出《いだ》し教授すること、尋常の学校に異なることなし。平日も書籍を与え暇時《かじ》あれば復読せしむ」

と、先ほどの『条約十一国記』に対応する記述が見える。この監獄は、インヴァリーデン通り（Invalidenstraße）とレール

ター通り（Lehrterstraße）の角にあり、今は一部の外壁等を遺すのみのモダンな公園になっている。

フーフェラントと緒方洪庵

福澤は、学術事情の探索の一環として、ベルリンでも病院を見学した。

『自伝』に記された有名なエピソードに、手術を見学した時のことがある。サンクトペテルブルクでは、洋学者仲間の松木弘安、箕作秋坪らと一緒に連れて行かれて膀胱結石の手術を見学し、気が遠くなったことが書かれているが、それに続いて、次の一節がある。

「ドイツのベルリンの眼病院でも、やぶにらみの手術とて子供の目に刀を刺すところを半分ばかり見て、わたしは急いでその場を逃げ出して、そのときには無事に済んだことがある。松木も箕作もわたしにいくじがないといって、しきりに笑いしきりにひやかすけれども、持って生れた性質はしかたがない、生涯これで死ぬことでしょう」

福澤が手術室から逃げ出したのは、**シャリテ病院**（Charité）でのことである。ペストの感染者のために一七一〇年に作られた施設に起源を持つこの病院は、福澤が訪れた当時既に、医学の研究・教育における重要な拠点となっていた。東西ドイツの統一後、フンボルト大学とドイツ自由大学の医学部・病院が全てシャリテの名の下に統合されたため、今日ではキャンパスも複数あるのだが、そのうちのシャリテ・ミッテ・キャンパスが、福澤たちが訪ねた病院である。ウンター・デン・リンデンをブランデンブルク門前の広場まで来て、ウィルヘルム通り（Wilhelmstraße）からルイーゼン通り（Luisenstraße）と名を変える道を一キロ近く北に歩いた所にある。

福澤は、ここで手術を見学しただけではない。「西航記」を見ると、パリやロンドンで病院を見学した時と同様に、運営のことにも興味を抱いていたことがわかる。

「病院 Chorisie［ママ］に行く。別林《ベルリン》最大の病院、政府より建る者なり。臥床千五百、医五十人、一歳の入費二十万ターレル」

という具合である。

また、福澤の手帳には、

「ヒェヘラント死後／15years／大抵七十歳　六十九か／或は六十八なり／Dr. Lauer／プロイス王の　侍医／の話なり」

と書きつけられている。シャリテ病院の医師と〝ヒェヘラント〟のことを話したというのである。

〝ヒェヘラント〟とは、フーフェラント（C.W. Hufeland 一七六二―一八三六）のことである。イエナ大学の教授であったフーフェラントは、一八〇〇年に、宮廷医とシャリテ病院院長としてベルリンに活動の拠点を移して活躍した。その著書は、オランダ語訳を介して日本の医学にも多大な影響を与えた。

中でも、一八三六年に約半世紀の経験を基にまとめた内科書 *Enchiridion Medicum*（医学必携）は、その一部が、杉田玄白の孫の杉田成卿の『済生三方』や緒方洪庵の『扶氏経験遺訓』として翻訳・刊行されていた。さらに、原書の最終章の最後の〝医師の義務〟とでも題する部分にも杉田や緒方は相当共鳴したようで、杉田は、『医戒』としてそれを翻訳し、緒方はさらにその要点を『扶氏医戒之略』にまとめている。十二箇条からなるが、例えば、

「医の世に生活するは人の為のみ、己がために非ずということをその業の本旨とす」

「病者に対しては唯病者を見るべし。貴賤貧富を顧ることなかれ」

など、医師としての心構えが記されている。

福澤は、適塾時代、フーフェラントの著書に触れることもあったであろうし、『扶氏医戒之略』に、洪庵の人柄と生き方を感じ取ることもあったに違いない。それだけに、シャリテ病院の医師とフーフェラントの話をした時の感慨は如何ばかりであったかと思う。

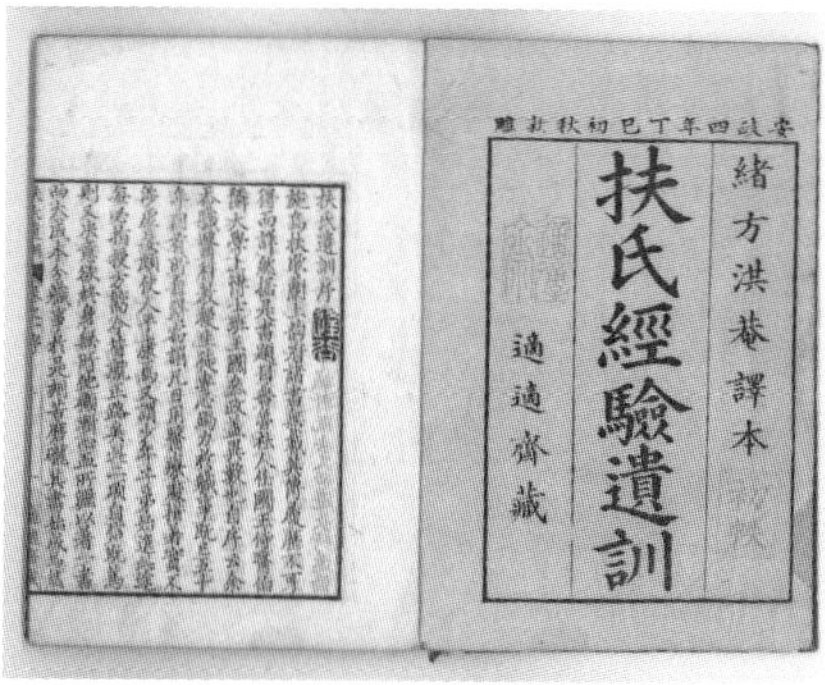
◉『扶氏経験遺訓』（緒方洪庵翻訳）［慶應義塾福澤研究センター蔵］

コッホ博士と北里博士

シャリテの構内には、医学史博物館もあり、ウィルヒョウをはじめ著名な医学者の足跡を知ることができる。また、辺りを逍遥すると、著名な医学者の名を胸像や銘板に見出すこともできて、医学史散歩としても面白い。中でも、北里柴三郎の恩師、コッホ（Robert Koch 一八四三―一九一〇）の

◉コッホ座像（コッホ広場）。現在もこの姿をとどめている。
［学校法人北里研究所蔵］

名を見出せるのは嬉しいことである。コッホは、今日の細菌学・微生物学の礎を築いた医学者で、北里柴三郎はベルリンに留学中、コッホの下で優れた研究を重ねた。北里が福澤と並んで終生その学恩を大切にしたのがコッホである。

例えば、シャリテの構内の一番奥のところに、**コッホ広場**（Robert-Koch-Platz）という名の芝生の綺麗な空間があり、大理石で作られた**コッホの座像**がある。また、コッホ広場から、ルイーゼン通りを南にしばらく歩くと、五七番に、かつて**帝国健康省**があった建物がある。そこには外壁に、「ローベルト・コッホ博士は細菌学の知識を確立し、一八八二年に結核菌を発見した」場所であることを刻んだ銘板が貼られている。

なお、この通りをさらに進むと、三九番の建物の二階に、**森鷗外記念館**がある。鷗外、森林太郎は、軍医として一八八四年から八八年まで留学しドイツ各地で学んだ。ベルリンにも一八八七年から八八年まで滞在し、細菌学などを学んだのであった。記念館は、ベルリンでの最初の二カ月を住んだ建物にある。ちなみに、鷗外は、後に、慶應義塾の文学科で審美学を担当し、文学科の刷新時には、文学科顧問を嘱託され、『三田文学』の創刊にも貢献した。

二つのコッホ・ミュージアム

ルイーゼン通りをさらに南に進み、スプレー川を渡ると、ドロテーン通り（Dorotheenstraße）に出る。そしてその左手、同通り九六番に**旧衛生学研究所**があった建物がある。コッホは一八八五年から九一年までこの研究所の教授を務めた。

実は、最近まで、この中の一室がローベルト・コッホ・ミュージアムとなっていた。筆者もかつて訪ねたことがあるが、研究所での北里の業績だけでなく、晩年までの北里との深い師弟関係を示す展示も見られた。例えば、一九〇八年に来日した時の写真、着物姿のコッホの肖像画、後年慶應義塾大学医学部の基礎を創ることになる北里門下の先人たちの名刺が散見される名刺帳なども展示されていた。関係する展示の多さに、コッホとその一門にとっての北里の存在の大きさを実感したものである。

しかし、残念ながら、研究所の主体はシャリテの別キャンパスに移り、「ローベルト・コッホ・フォーラム」と近年称されるようになっていたこの建物は、二〇〇九年に学術的な目的での使用を前提にファンド会社に売却され、ミュージアムも閉鎖された。この建物には、コッホが結核菌の発見報告の講演を行った講堂なども残っており、今後もこの歴史を大切にして欲しいと願わずにはいられない。

なお、コッホは、一八九一年には、新たに設立された帝国プロシア伝染病研究所の所長となった。後に、コッホ研究所(Robert Koch Institut)と彼の名前が冠されるようになった研究所で、一九〇〇年に現在の地に移るまでは、前述のシャリテに接する建物にあった。

現在の研究所は、市の更に北側のシャリテの別のキャンパスに隣接するノルトウーファー(Nordufer)二〇番にあるが、この中にもコッホのミュージアムがある。北里がベルリンに滞在したのは一八八六年から九二年一月にかけてであったから、これらの建物で研究に専心していたことになる。コッホと北里のベルリンでの日々とその情景を思い浮かべながらこの辺りを歩くのも感慨深いものである。

東西ドイツの分断と再統一という激動の時代を経たベルリンは変貌の激しい街である。しかし、断片的にひっそりとではあるが、街の歴史の記憶は残っている。病院や大学等の組織も複雑な変遷を経ているが、それらも解きほぐしながら、パズルのピースを組み上げていくような面白さが、この街の史跡めぐりにはあるのである。

［山内慶太］

◉ベルリン・ミッテ地区

サンクトペテルブルク

ネヴァ川逍遥

かつてロシアの首都であったサンクトペテルブルクは、ソ連時代、レーニングラードと呼ばれた。街の中心は、旧海軍省からアレクサンドル・ネフスキー大修道院にいたるネフスキー大通りである。この通りは帝政時代より街の中心であり、現在でもサンクトペテルブルクを代表する建築物や観光名所が立ち並び、多くの観光客も訪れる。

文久二年七月十四日～八月二十四日（1862年8月9日～9月17日）の約四十日間、福澤は遣欧使節団の一員として、サンクトペテルブルクに滞在した。市内に現存する史跡を、渡欧中に福澤が記した日記、「西航記」と共に巡ってみる。

ネヴァ川河口の都市

サンクトペテルブルクは、ピョートル大帝が一七〇三年に、当時北方戦争で敵対していたスウェーデンからの攻撃を防ぐために、ペトロパヴロフスク要塞の建設に着手したのを開府の起源とする人工都市である。福澤訪問当時は、アレクサンドル二世皇帝が統治するロシア帝国の首都であった。

ロシア革命後の一九一八年に、ソビエト政権がモスクワに首都を移転した後の現在も、バルト海のフィンランド湾最東端ネヴァ（Neva）川河口のデルタ地帯に位置する、ロシア有数の港湾都市であるとともに、鉄道・国際航路の要衝でもあり、モスクワに次ぐロシア第二の都市である。

鉱山学校（サンクトペテルブルク国立鉱山大学）

「西航記」に、

「礦《こう》山学校に行く。此《この》学校は専《もっぱ》ら礦山の事を教《おしう》る所なり。教師四十人、学生二百人、学科を八等に分ち、十二歳より学校に入り、一年一科を学び、八年にして終り、年二十歳、始て士官となる。学業は礦品の性を知り、之を分析する方術、金鉱に用る機器の用法等を研究す。学校中には魯西亜《ロシア》国内に産する礦品を集め、親しく其《その》物を示し、或は機器の雛形、或は礦山の形を紙にて造て其景況を設け、教授に便にす。又、学校の傍に地を掘り、現に金坑の大さとなして縦横に通じ、坑の周囲に礦品の色を着し、金銀銅鉄坑の真境を見るが如し。此坑に入るものは皆手に蠟燭《ろうそく》を持《もち》て明を取る。坑の深さ縦横合《あわせ》て三町許《ばかり》なり」

との記述が残っている。

サンクトペテルブルク国立鉱山大学(Saint Petersburg State Mining Institute and Technical University)は、市内を流れるネヴァ川北岸に位置するヴァシリー(Vasilievsky)島にある。ヴァシリー島には多くの大学があり、「文化の島」と呼ばれている。一七三三年にエカチェリーナ二世によって設立されたロシア最古の技術教育機関であり、ヨーロッパの鉱山学校としても歴史の最も古い学校の一つである。また博物館として鉱物や宝石の最高レベルのコレクションを保有し、福澤の記述の通り、教育目的で小規模の鉱山設備を有している。

◉サンクトペテルブルク国立鉱山大学

　大学の建物はクリーム色の神殿風で、正面玄関の扉の上に、左からレーニンの像、旧ソビエト連邦のマーク、そして鉱山大学のシンボルらしきものと、三つの徴が掲げてある。この建物は、福澤訪問の約半世紀前の一八一一年、農奴から身を起こした建築家アンドレイ・ヴォロニーキンが、イタリアのポセイドン宮殿を模して造ったものといわれているクラシック様式である。鉱山大学の前は通りを挟んでネヴァ川の岸壁である。

　因みにロシアの教育制度について少しく触れておくと、小・中・高は一緒の学校で十年間、その内義務教育は八年間。大学は四年(医学部は七年)で、大学院が二年となっている。

福澤が見た「マモウト」

　福澤は、同じくヴァシリー島にある**動物学博物館**(Zoological Museum)で、マンモスの骨格標本を見ている。「西

航記」八月九日（9月2日）の項に、
「博物館に行く。此館《この》には専《もっぱ》ら禽獣虫類を集む。就中《なかんずく》マモウトなる大獣あり。此獣は千七百八十六年、シベリーより来れる者なり。所謂《いわゆる》前世界の獣なれども、北地沍寒《ごかん》の地にて氷雪中に埋《うづも》り、千万年の間、皮肉腐敗せず、其本形を保てり。当年偶《たまた》ま夏暑《なつあつく》、氷雪僅《わずか》に解けしとき、野獣群《むらがり》て大獣の肉を喰《くらえ》るを見る者あり、由《よっ》て其《その》喰残れる骨皮を集めて伯徳禄堡《ペートルビュルグ》に送り博物館に納《おさめ》たりと云。現今も頭部は肉皮全く見るべし。其形、象に似て象より大なること三、四尺、奇獣と云べし。伯徳禄堡に此獣あることは、嘗《かつ》て洋書中に見たりしに、今日初て其実物を目撃するを得たり」
とある。

この動物学博物館は、ピョートル大帝によって集められた標本を中心に、約四万点に及ぶ剥製・骨格標本を有している。珍しい展示物といえば、イギリスやロシア南部に生息したブレムビーツエルという犬の絶滅種や、ロシア語で「青い鯨」という名前の全長三〇メートル、体重一五〇トンに及ぶ鯨の絶滅種などがある。生物の進化を辿るように、魚類・両生類・爬虫類などの展示が順に続いている。

マンモスは長鼻目ゾウ科マンモス属に属する大型の哺乳類の総称である。現在生息するゾウの類縁にあたるが、直接の祖先ではない。諸説あるが、約四百万年前から一万年前頃までの期間に生息していたとされ、巨大な牙が特徴である。

◉アダムスのマンモス

福澤が目にしたマンモスは、一七九九年（「西航記」中の記述は誤記と思われる）にビィコフスク半島のレナ川流域で三万五千年ほど前の永久凍土で発見され、科学アカデミー会員のM・I・アダムスが発掘し、一八〇六年に博物館に納められたもので、発見者の名に因んで「アダムスのマンモス」と呼ばれている。このマンモスは今から約三万五千年前に約七十歳で死亡した雄のケナガマンモスである。ケナガマンモスはウーリーマンモスとも呼ばれ、体中が長い毛でおおわれ、肩の高さが三メートルでやや小型の種である。更新世の後期に北半球の冷温帯草原からツンドラ地帯にかけて生息していた。日本でも北海道で見つかっており、一般にはこのマンモスがもっとも良く知られている。

　現在動物学博物館では、この「アダムスのマンモス」以外にも、福澤訪問後に発見収集された以下の有名なマンモス標本を見ることができる。二億年前に生息していた巨大マンモスで、体長五〜六メートル、体重一〇〜一二トンはあったといわれている、タイミール半島で発見された「タイミールのマンモス」や、ヤフーシャという極東の僻地で、一九〇一年に、フィッツェンマイヤーらの調査隊が発見したもので、皮膚や骨格の大部分が残っていたためほぼ完全な形で復元され、約四万五千年前に三十〜四十歳の時骨折で死亡したと推定されている「ビリヨザフスキーマンモス」などがその代表である。

　福澤が訪れた当時の博物館は、ヴァシリー島南東部、宮殿橋の袂《たもと》である現在の位置よりもう少し西側にあった。一九〇〇年頃に移転した現在の建物は、「サンクトペテルブルク歴史地区と関連建造物群」の一つとして、ユネスコ世界文化遺産の指定を受けている。

イェラギン島

イェラギン(Yelagin)島はネヴァ川の河口にある三角洲の一部で、景勝地として知られている。一八一八年から一八二二年にかけて、パーヴェル一世の未亡人マリヤ・フョードロヴナ皇太后のために、建築家カルル・イワノヴィッチ・ロッシが建てた宮殿や、東屋、湖水を有する公園があり、福澤訪問当時から市民の憩いの場になっている。福澤はここを二度訪れている。七月二十九日(8月24日)と八月十四日(9月7日)の晩、共に日曜日であった。「西航記」には、

「午後第二時川蒸気船に乗りネワ河口にあるエラゲンと云《いえ》る島へ行く。此島には国帝の別宮あり。廷園甚《はなは》だ広く、宮中の結構も美を尽せり。終日こゝに遊び、第六時船に乗りネワ河を下り、遠く海門を出《いず》。本日天気晴和にして波なし。(後略)」(七月二十九日)

「晩エラゲン島に行く。本日は魯西亜《ロシア》帝即位の日にて、毎年例に依《より》て楽《がく》を奏し花火を設け全国内の祝日とす。今《こ》宵偶《よいたまた》ま好天気、月光清朗、ネワ河の秋色可愛《あいすべし》」(八月十四日)

とある。福澤も故国を遠く離れた旅先での休日をのんびりと過ごしたのであろう。

［大澤輝嘉］

エルミタージュ美術館

サンクトペテルブルク随一の観光名所となっている**エルミタージュ(Hermitage)美術館**は、帝政時代にはロシア皇帝の宮殿であった。使節団受け入れの公式謁見式もそこで行われた。受け入れを巡るロシア側の資料は、岡山大学教授であった保田孝一氏、また近年では慶應義塾大学文学部教授のアンドレイ・ナコルチェフスキー氏によって調査されている。それによれば、福澤は参列していないが、竹内下野守ら十二名が、玉座の間で、アレキサンドル二世に謁見した。

福澤は、その二日後に訪れている。「西航記」に、

「帝宮を観《み》る。此宮は冬宮と名《なづ》け、国帝冬間の住居なり。
……最も壮麗を極む。一室あり、国帝即位のとき用る冠を蔵《おさむ》る所なり。冠の飾は皆「ギヤマント玉」を用ゆ。玉の最も大なる者は、径寸余あり。全世界希有の宝なり」

とある。その他、「一八一二年の間」、「ニコラーの間」(現ダ・ヴィンチの間)などについても、詳しく書き記している。たとえば一八一二年の間については、

「又一室あり、千八百十五年(一八一二年の誤り)の間と名く。此室には、先帝アレキサンドルの像を正面に掛け、右傍にオーステレーキ帝の像、左傍に孛魯生《プロイセン》王の像を掛け、両壁へは魯《ろ》の将士三百名の小像を掛けり。蓋《けだ》し千八百十五年は、仏帝ナポレヲン、魯に入たる年にて、当時有功将士の記念の為め設ける者なり」

という具合である。「一八一二年の間」などは、美術館の膨大な部屋の中から、多くの観光ガイドに紹介されている部屋であり、「西航記」を片手に、鑑賞するのも面白いかも知れない。

◉エルミタージュ美術館（冬宮）

予備宮殿

エルミタージュ美術館に隣接する**予備宮殿**が使節一行の宿舎であった。到着した時の感想を福澤は、

「第四時、国帝の客館に着。館は帝宮と相隣りて、館の前はナワ河なり。眺望最《もっとも》好し。此館は帝宮に属し、外国の貴客を待つ為め設ける者にて、尋常の旅宿にあらず」（「西航記」）

と記している。

ロシアにとっては、日本使節との交渉にあたって、全樺太の領有権の主張と確定を目論んでいた。それだけに、好印象を与えるために、細心の注意を配っていた。福澤は、その様子を後に『自伝』で、

「ペートルスボルグ滞在中は、日本使節一行のために特に官舎を貸し渡して、接待委員という者が四、五人あって、その官舎に詰めきりで、いろいろ饗応するその饗応のしかたというは、すこぶる手厚く、何ひとつ遺憾はないというありさま」

であったと回想している。例えば、

「室内に刀掛けがあり、寝床《ベッド》には日本流の木のまくらがあり、湯殿にはぬかを入れたぬか袋があり、食物もつとめて日本調理の風にして、はし茶碗なども日本の物に似ている」

という次第であった。

実は、ロシア側には、伊豆沖で難破して修理を待っていたロシア船艦長と親しくなり、ロシアに渡った立花粂蔵（帰国後の名は益田耕斎）がいて、陰で活躍していた。

福澤も、親しくなった接待委員やその他からもロシアに「ヤマトフ」という日本人がいるという噂を耳にしていた。会ってみたいと思っても、結局最後まで姿を見せなかったが、その日本風の接遇から、

「どうしてもロシア人の思いつく物ではない。シテみるとうわさのとおりどこにか日本人のいるのはまちがいない」

と確信を深めたのであった。

この快適に過ごした予備宮殿は、「帝宮と相隣りて」とあるように、保田氏によれば、エルミタージュ美術館東寄りのエルミタージュ劇場に隣接しているが、改築されて当時の面影は残っていないという。しかし、宮殿河岸通りからネヴァ川を眺めると、福澤をはじめ使節の人たちと同じ眺望を愉しみ、往時を偲ぶことができる。

福澤は、

起来就食々終眠　飽食安眠過一年

他日若遇相識問　欧天不異故郷天

◉現在のネヴァ川

（起き来たりて食に就き食終りて眠る、飽食安眠して一年を過ごす。他日もし相識の問に遇うも、欧天は故郷の天に異ならず）と「西航記」に書き記している。

ペトロパヴロフスク要塞・夏の庭園

この河岸通りに沿って散策すると、サンクトペテルブルクの美しい光景を愉しむことができる。鉱山学校やマンモスの骨格がある動物学博物館のあるヴァシリー島は対岸にある。そして、**ペトロパヴロフスク(Petropavlovskaya)要塞**を左手向こう岸に見ながらしばらく進むと、**夏の庭園**がある。

ピョートル大帝によって作られたネヴァ川中洲のペトロパヴロフスク要塞は、町の発展とともに次第に目的が変わり、今日では多くの観光客が世界各国から訪れている。福澤も訪問し、

「此塁は往時ペートル帝の築けるものにて、大砲も七、八十門は備えあれども、当今は伯徳禄府《ペートルビュルグ》の形勢変革して必用の要害にもあらず。故に貨幣局を此内に設けたりと云《いう》」（「西航記」）

と記している。そして、この造幣局とペトロパブロフスキー聖堂を訪ねた。聖堂は、「魯西亜《ロシア》歴代の帝、伯徳禄《ペートル》より以下の墓碑、皆此寺中にあり」と記しているように、ピョートル大帝以降の皇帝の墓所となっている。なお、この脇には小さな蔵があり、「伯徳禄帝、魯西亜にて初て造りたる船なり」という「長さ四間巾一間」の小さな船が納められていたが、この船は海軍博物館に移され、代わりにロシア海軍の歴史資料が展示されている。

夏の庭園は、運河に囲まれた静かな公園で、夕刻のベンチに座って、美術館等の見学の後に一休みするのも心地が

良いものである。福澤も、晴れの穏やかな日、イェラギン島で遊んだ帰途に立ち寄っている。

「ソムルガーヅンと云《いえ》る遊園に行て捷足《はやあし》を見る。此人よく走り、十五ミニュートの間に英里法六里を行く。本日此園にて騎馬と並び走るに、常に馬より疾《はや》し。都下士女、皆来て之を見る」(「西航記」)

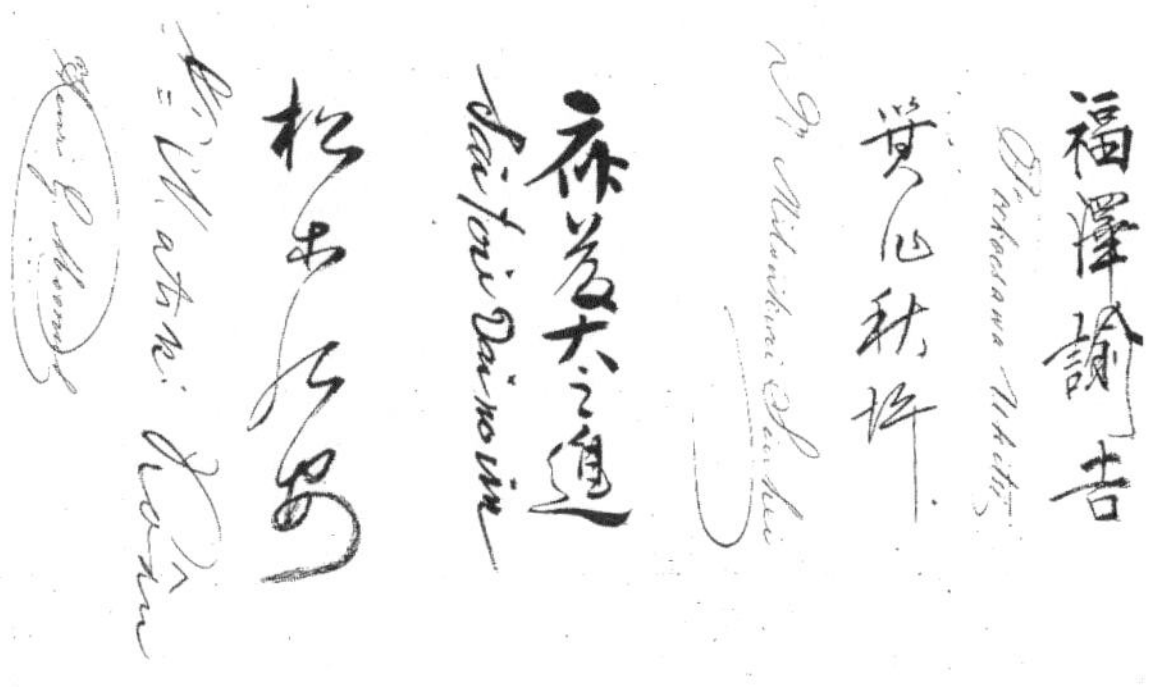
◉ロシア国立図書館に残された福澤のサイン

と記している。

図書館

エルミタージュ美術館の前に広がる宮殿広場の脇から一番賑やかな通りであるネフスキー(Nevskiy)大通りをしばらく歩くと、右手に二世紀余の歴史を持つ**ロシア国立図書館**(the National Library of Russia)がある。

福澤は、ここを訪ねた時のことを、

「蔵書庫に行く。書籍の数、板本九十万冊、写本四万冊。右の内、魯西亜出板の書は僅《わずか》に六万冊のみ。古書あり、千四百四十年独逸《ドイツ》出板の経書なり。是欧羅巴最古の板本と云」(「西航記」)

と記している。

蔵書のうちロシアで出版された本が僅かであるという記述からは、学問・文化の中心がどこにあるかを冷静に観察している福澤の姿がうかがえる。なお、ここに記されている「経書」とはグーテンベルグ聖書のことで、今日では所蔵が他に移っているが、その流転については、慶應義塾大学の英文学の名誉教授髙宮利行氏が明らかにし、『グーテンベルクの謎』に紹介している。なお、写真は図書館に残る訪問者名簿で、箕作秋坪、松本弘安らとともに福澤のサインも見出すことができる。

「西航記」によれば、他にも、植物園、テレガラーフ局、学校、磁器局、玻璃局、医学校などを訪ねている。膀胱結石の手術の見学中に気を失ったという有名なエピソードもここでのことである。

福澤は、滞在中、手厚い饗応と美しい情景の日々の中で、珍しく先述の漢詩を作ったり、「月光晴朗、ネワ河の秋色可愛《あいすべし》」と書き記すような感傷にも浸った。

しかし一方で、樺太の国境を巡る交渉に臨席してそのやりとりを見ながら、

「しまいにはどういうようになり果てるだろうかと思って、実に情なくなりました」（『自伝』）

と日本の将来を案じたのであった。また、宿舎に詰めていた接待委員のロシア人からは、何度もロシアに留まることを勧められ、「おまえさえいまから決断して隠れる気になればすぐにわたしが隠してやる。どうせ使節は長くここにいる気づかいはない。まもなく帰る。帰ればソレきりだ。そうしてお前はロシア人になってしまいなさい」とまで言われた。そして、「なるほどロシアはヨーロッパの中で一種風俗の変った国だというが、ソレに違いない」「とにかくに気の知れぬ国だ」との印象も残したのであった。

［山内慶太］

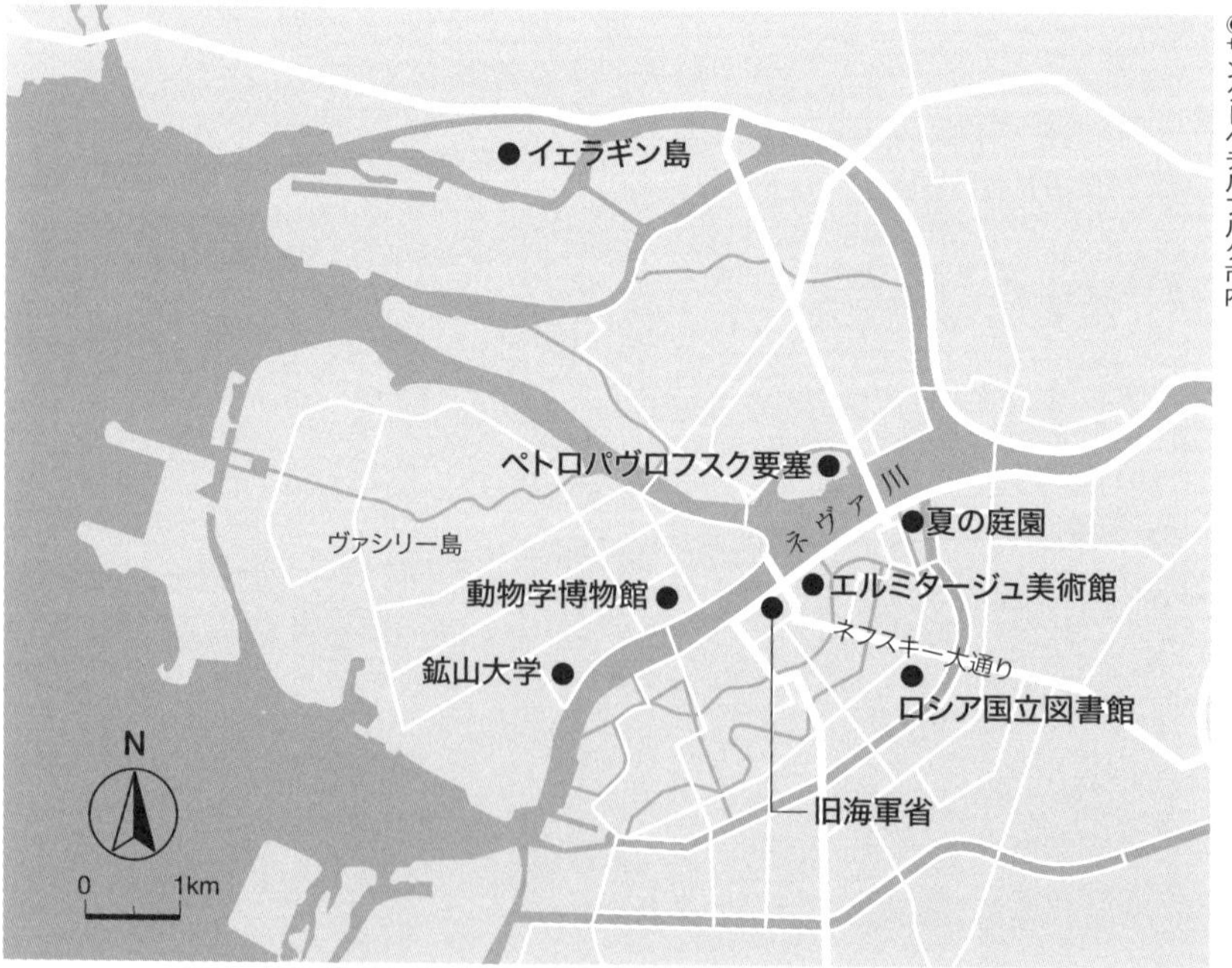

◉サンクトペテルブルク市内

資料

福澤諭吉略年譜

西暦	和暦	年齢（満）	
一八三四（三五）	天保五	0	十二月十二日（1835年1月10日）、中津藩下級武士の子として**大阪**に生まれる。一歳半で父が病死。母、兄、姉と**中津**に帰り、以後少年、青年時代を過ごす。白石照山らに漢学を学ぶ。
一八五三	嘉永六	18	**★ペリー来航。**
五四	七	19	蘭学を志し、**長崎**に出る。
五五	安政二	20	大阪で緒方洪庵の**適塾**に入塾。
五六	三	21	兄の病死により福澤家の家督を継ぐ。
五七	四	22	適塾の塾長になる。
五八	五	23	江戸出府。**築地鉄砲洲**の中津藩中屋敷内に蘭学塾を開く（慶應義塾の起源）。**★日米修好通商条約調印。**
五九	六	24	**横浜**での見聞により、英学への転換を決意。**★神奈川・長崎・箱館開港。**
一八六〇	安政七（万延元）	25	遣米使節に随行し、**咸臨丸でアメリカ**へ行く。帰国後、幕府外国方に雇われる。
六一	文久元	26	中津藩士土岐太郎八の二女錦と結婚。
六二	二	27	遣欧使節に翻訳方として随行し、**欧州各国**を巡る。
六三	三	28	欧州より帰国。長男誕生、以後、三男五女を儲ける。
六四	元治元	29	中津に帰郷、小幡篤次郎らを伴い江戸に戻る。外国奉行支配調訳翻訳御用を命ぜられる。
六六	慶応二	31	**『西洋事情』**刊行。
六七	三	32	幕府の軍艦受取委員の一行に加わり、二回目の**渡米**。**★大政奉還。**

六八　慶応四（明治元）　33　塾を芝新銭座に移転、慶應義塾と命名する。戊辰戦争が起こるが、上野での彰義隊の戦いの最中でもウェーランド経済書の講義を続ける。

六九　明治二　34　『世界国尽』刊行。★版籍奉還。

七〇　三　35　発疹チフスに罹患。病後、箱根で静養する。

七一　四　36　慶應義塾、三田へ移転。★廃藩置県。

七二　五　37　慶應義塾出版局設立（七年に慶應義塾出版社と改称）。『学問のすゝめ』刊行。長沼事件起こる。★学制発布。

七三　六　38　明六社に参加。★徴兵令公布。

七四　七　39　★民撰議院設立建白。

七五　八　40　三田演説館開館。『文明論之概略』刊行。

七七　十　42　★西南戦争。

八〇　十三　45　交詢社発会式。

八一　十四　46　交詢社「私擬憲法案」発表。明治十四年政変により、多くの門下生が官界を追われる。

八二　十五　47　『時事新報』創刊。

八九　二十二　54　★大日本帝国憲法発布。

九〇　二十三　55　慶應義塾大学部（文学科・理財科・法律学科）開設。★教育勅語発布。国会開設。

九一　二十四　56　「瘦我慢之説」脱稿（公表は明治三十四年）。

九二　二十五　57　北里柴三郎の伝染病研究所設立を支援。

九四　二十七　59　中津に帰省し、耶馬溪に寄る。その土地を買い始める。

九七　三十　62　『福翁百話』『福澤全集緒言』刊行。

九八　三十一　63　慶應義塾の学制改革、一貫教育制度始まる。九月に脳溢血を発症し、一時危篤となるも徐々に快癒。『福澤全集』全五巻刊行。

九九　三十二　64　『福翁自伝』刊行。

一九〇一　三十四　66　一月二十五日、脳溢血症再発。二月三日、長逝。

長沼保育園（長沼小学校跡）……成田市長沼 495-3……79
中上川彦次郎生誕地の説明板……中津市森ノ丁 2240　中上川公園内……22
「生麦事件発生現場」の説明板……横浜市鶴見区生麦 3-16……53
生麦事件の碑……横浜市鶴見区生麦 1-16……53
日米和親条約調印記念碑……横浜市中区日本大通 3　開港広場内……55
ハ行……ハリス顕彰碑……港区元麻布 1-6-21　善福寺内……109
蕃所調所の標柱……千代田区九段南 1-6……70
萬翠樓福住……足柄下郡箱根町湯本 643……91
百周年記念碑（豊住小学校）……成田市北羽鳥 1985-2……79
福澤記念館……中津市留守居町 586……13, 17
福澤旧居……中津市留守居町 586……13, 17
福沢・近藤両翁学塾跡の碑……港区浜松町 1-13……57
福澤氏記念之碑……港区元麻布 1-6-21　善福寺内……112
福沢小学校……南足柄市千津島 632……93
福澤先生使用之井の石碑……長崎市出来大工町 40……31
福澤先生誕生地記念碑……大阪市福島区福島 1-1-50……8
福澤と耶馬溪との逸話を記した説明板……中津市本耶馬溪町曽木……86
福澤諭吉旧居跡……中津市留守居町 586……14
福澤諭吉終焉之地記念碑……港区三田 2-15-45　慶應義塾三田キャンパス内……76
福澤諭吉先生之銅像（長崎）……長崎市上西町 18-5　諏訪神社境内……32
福澤諭吉先生永眠之地（碑）……品川区上大崎 1-10-30　常光寺内……103
福澤立像（中津駅前）……中津市島田　中津駅前……26
福住樓……足柄下郡箱根町塔ノ沢 74……90
雙葉学園発祥の地記念碑……中央区明石町 1-7……51
ペルリ提督の像……港区芝公園 2……62
マ行……増田宋太郎先生宅址……中津市弓町 619……15
増田宋太郎先生誕生之地……中津市弓町 619……15
万延元年遣米使節記念碑……港区芝公園 2……61, 118
三田演説館……港区三田 2-15-45　慶應義塾三田キャンパス内……76, 95
明蓮寺（中津市指定文化財　史跡
福沢家先祖の墓　二基）……中津市桜町 1060……23
明治学院発祥の地……中央区明石町 7-20……51
眼鏡橋（現在）……諫早市高城町　諫早公園内……36
ヤ行……吉田橋関門跡の碑……横浜市中区伊勢佐木町 1-2……55
ラ行……蘭学事始の地記念碑……中央区明石町 11-6……48
立教学院発祥の地……中央区明石町 10　聖路加看護大学内……51
龍王浜共同墓地……中津市角木……24
龍海寺（緒方洪庵、八重の墓）……大阪市北区同心 1-3-1……43
龍源寺……港区三田 5-9-23……109
ワ行……和田豊治翁頌徳碑……中津市北門通り　和田公園内……16
和田豊治翁誕生地……中津市北門通り　和田公園内……16
和田義郎碑……品川区上大崎 1-10-30　常光寺内……105

サラキ岬に蘇る咸臨丸……上磯郡木古内町亀川（サラキ岬）……124
讃岐高松藩蔵屋敷跡……大阪市北区中之島 5-3　リーガロイヤルホテル内……8
歯科医第一号小幡英之助の銅像……中津市二ノ丁　中津公園内……18
指紋研究発祥の地記念碑……中央区明石町 8　聖路加ガーデン内……51
重秀寺……港区白金 2-1-16……110
浄安寺……中津市寺町 995……16
商法講習所の記念碑……中央区銀座 6-10　松坂屋前……52, 98
女子学院発祥の地……中央区明石町 10　聖路加看護大学内……51
女子聖学院発祥の地……中央区明石町 6……51
除痘館跡の碑……大阪市中央区今橋 3-2-17……43
白石照山先生顕彰碑……中津市留守居町 586……15
常光寺……品川区上大崎 1-10-30……102
生田門（旧中津市学校門）……中津市三ノ丁 1309　中津市立南部小学校……20
塩飽勤番所……丸亀市本島町 78……121
人事忙中有清閑（碑）……中津市留守居町 586……15
鈴ヶ森刑場跡……品川区南大井 2……53
清見寺……静岡市清水区興津清見寺町……123
専修大学発祥の地記念碑……中央区銀座 3-15-10……97
善福寺……港区元麻布 1-6-21……108
壮士の墓……静岡市清水区築地町 1……123
タ行……大法寺（小幡家先祖代々の墓）……中津市寺町 966……21
高輪大木戸跡……港区高輪 2-19……52
長洲藩蔵屋敷跡……大阪市西区土佐堀 1-5……8
鶴見橋関門旧跡の碑……横浜市鶴見区中央 2-19……53
電信創業の地記念碑……中央区明石町 13……51
伝染病研究所発祥の地碑……港区芝公園 1-1　東京パナソニックビル 1 号館前……64
天ハ人ノ上ニ人ヲ造ラズ
人ノ下ニ人ヲ造ラズの碑……大阪市福島区福島 1-1-50……10
天福寺……南足柄市千津島 9……93
東京外国語学校発祥の地……千代田区一ツ橋 2-1……69
東京大学発祥の地……千代田区神田錦町 3　学士会館内……69
東京中学院（関東学院）発祥の地記念碑……中央区明石町 1……51
堂島米市場跡記念碑……大阪市北区堂島浜 1-3……8
東禅寺（最初のイギリス公使館跡の石標）……港区高輪 3-16-16……52
独立自尊の碑……中津市二ノ丁　中津城本丸三齋池隣……18
ナ行……中津城……中津市二ノ丁……17
中津市立小幡記念図書館……中津市片端町 1366-1……20
中津藩蔵屋舗之跡……大阪市福島区福島 1-1-50……8
日本野球発祥の地……千代田区神田錦町 3　学士会館内……69
長沼干拓頌功之碑……成田市長沼 517　長沼市民の森……80
長沼功績記念碑……成田市長沼 517　長沼市民の森……80
長沼下戻記念碑……成田市長沼 517　長沼市民の森……80
長沼下戻百周年記念碑……成田市長沼 517　長沼市民の森……81

本書関連史跡一覧［国内］

本書で扱う史跡（及びそれに類するもの）で国内で現存するものについて、福澤諭吉に関連するものを中心に五十音順に掲載し住所を記した。

（住所は平成24年10月現在）

	史跡名	住所	本文該当ページ
ア行	青山学院記念の地の碑	中央区明石町 6	51
	朝吹翁頌徳碑	中津市耶馬溪町大字宮園	87
	朝吹清島両家の偉功を伝える記念碑	中津市耶馬溪町大字宮園　宮園公園内	88
	アメリカ公使館跡	中央区明石町 8　聖路加ガーデン内	51
	安全寺	中津市下正路町 457	15
	「諫早津」の説明版	諫早市旭町 6	35
	江戸城本丸跡	千代田区千代田 1-1　皇居東御苑	73
	大村益次郎銅像	千代田区九段北 3-1-1　靖国神社内	71
	緒方洪庵生誕地跡（洪庵緒方先生碑、産湯の井、緒方洪庵先生之像）	岡山市北区足守	39
	緒方洪庵の坐像	大阪市中央区北浜 3-3-8	40
	億川百記屋敷跡（緒方八重の像）	西宮市名塩 1-25-10	44
	小幡篤次郎生誕の地、小幡英之助生誕の地の標柱	中津市殿町 1385　中津市歴史民俗資料館内	20
カ行	桂川甫周屋敷跡の説明板	中央区築地 1-10	72
	神奈川台関門跡・袖ヶ浦見晴所の碑	横浜市神奈川区 台町 10-33	54
	神奈川奉行所跡の碑	横浜市西区紅葉ヶ丘 9	55
	カフェーパウリスタ	中央区銀座 8-9	99
	鎌田栄吉墓所	品川区上大崎 1-10-30　常光寺内	106
	咸臨丸終焉の碑	上磯郡木古内町亀川（サラキ岬）	124
	咸臨丸出港の碑	横須賀市西浦賀町 1-23　愛宕山公園内	117
	咸臨丸殉職碑	静岡市清水区興津清見寺町　清見寺内	123
	学習院（華族学校）開校の地	千代田区神田錦町 2-9	69
	旧緒方洪庵住宅（適塾）	大阪市中央区北浜 3-3-8	39
	旧黒田藩蔵屋敷長屋門	大阪市天王寺区茶臼山町 1　天王寺公園内	11
	「旧長崎街道 永昌宿跡」の碑	諫早市永昌町 22	35
	暁星学園発祥の地記念碑	中央区明石町 5	51
	慶應義塾発祥の地記念碑	中央区明石町 11-6	47, 52, 66
	慶應義塾幼稚舎（福澤広尾別邸跡）	渋谷区恵比寿 2-35-1	101
	検査業務開始の地（碑）	中央区銀座 8-20-26	66
	光永寺（福澤先生留学址、長崎県議会開設の地の碑）	長崎市桶屋町 33	29
	交詢社	中央区銀座 6-8-7	98
サ行	佐賀藩蔵屋敷跡	大阪市北区西天満 2　大阪地方・高等裁判所内	8
	薩摩藩蔵屋敷跡	大阪市西区土佐堀 2-4　三井倉庫前	8

〈著者略歴〉
加藤　三明（かとう　みつあき）
慶應義塾幼稚舎長。1955年生まれ。1978年慶應義塾大学経済学部卒業。79年慶應義塾幼稚舎教諭。2007年より現職。2011年より慶應義塾理事。慶應義塾福澤研究センター所員。日本私立小学校連合会常任理事。東京私立初等学校協会副会長。

山内　慶太（やまうち　けいた）
慶應義塾大学看護医療学部・大学院健康マネジメント研究科教授。1966年生まれ。1991年慶應義塾大学医学部卒業。『福澤諭吉著作集』第5巻、『アルバム小泉信三』（共編、慶應義塾大学出版会）などを編集。慶應義塾福澤研究センター所員。福澤諭吉協会理事。博士（医学）。

大澤　輝嘉（おおさわ　てるか）
慶應義塾中等部教諭。1969年生まれ。1992年慶應義塾大学理工学部卒業。福澤諭吉協会会員。担当教科は数学。

福澤諭吉　歴史散歩

2012年11月10日　初版第1刷発行

著　者――――加藤三明・山内慶太・大澤輝嘉
発行者――――坂上　弘
発行所――――慶應義塾大学出版会株式会社
〒108-8346　東京都港区三田2-19-30
TEL〔編集部〕03-3451-0931
〔営業部〕03-3451-3584〈ご注文〉
〔　〃　〕03-3451-6926
FAX〔営業部〕03-3451-3122
振替 00190-8-155497
http://www.keio-up.co.jp/
デザイン・地図作成――中垣信夫＋川瀬亜美［中垣デザイン事務所］
印刷・製本――港北出版印刷株式会社
カバー印刷――株式会社太平印刷社

Printed in Japan　ISBN 978-4-7664-1984-9

資料

資料